창업 후 유니콘 기업이 되기까지 **투자유치 전략**

스타트업
자금조달
바 이 블

이영보·서은경·박찬우·김봉윤·신상열·최준호·이현권·이윤주·임정우 공저

씨이오메이커

스타트업 자금조달 바이블

창업 후 유니콘 기업이 되기까지 투자유치 전략

초판 1쇄 발행	2023년 11월20일
지은이	이영보, 서은경, 박찬우, 김봉윤, 신상열, 최준호, 이현권, 이윤주, 임정우
펴낸이	김봉윤
펴낸곳	씨이오메이커(ceomaker)
출판등록	제2013-23호
기획 및 책임편집	민보윤
디자인	조서봉
교정교열	김봉수
주소	서울특별시 관악구 국회단지 20길 16, 101호
전화	02-877-7814
팩스	02-877-7815
이메일	ceomaker79@gmail.com
홈페이지	www.ceobooks.kr
ISBN	979-11-91157-12-3(03320)
값	15,000원

잘못된 책은 구입하신 곳에서 바꾸어 드립니다.
이 책에 실린 모든 내용, 디자인, 이미지, 편집 구성의 저작권은 도서출판 씨이오메이커와 저자에게 있습니다.
허락 없이 복제하거나 다른 매체에 옮겨 실을 수 없습니다.

창업 후 유니콘 기업이 되기까지 **투자유치 전략**

스타트업 자금조달 바이블

이영보·서은경·박찬우·김봉윤·신상열·최준호·이현권·이윤주·임정우 공저

차 례

프롤로그 10

PART 01. 투자유치 ABC

Chapter 01. 투자유치 개요 17

1. 스타트업, 왜 투자유치가 필요한가? _17
   1) 스타트업 J-커브 모형의 각 성장단계 19
   2) 투자유치 라운드 23
2. 성공적인 투자유치를 위한 기본준비 _25
   1) 투자제안서(IR) 작성 핵심포인트 26
   2) 투자유치 프로세스 27
3. 스타트업 성장의 가시적인 지표, 마일스톤 _28

Chapter 02. 스타트업 성장을 위한 회사 기초구조 이해 32

1. 자금조달을 위한 주식회사 설립 절차 _32
2. 정관 작성 시 유의사항 _34
3. 자본금 규모 및 납입 시 주의사항 _35
4. 주주 지분구조, 동업계약서의 중요성 _36
   1) 주식의 명의신탁 금지 39
   2) 대표이사, 이사, 감사, 이사회 구성 방법 40

Chapter 03. 정부정책자금 조달방법 42

1. 정부정책자금의 필요성과 주요특징 비교 _42
2. 정책자금 대출기관의 특징 및 소개 _48
   1) 중소벤처기업진흥공단 48
   2) 소상공인시장진흥공단 49

3) 신용보증기금 49
4) 기술보증기금 50
5) 지역신용보증재단 51
6) IP(지적재산권) 금융 52

3. 성공적인 자금조달에 도움이 되는 인증 _ 53
1) 벤처기업 인증 53
2) ISO·벤처기업·기업부설연구소 인증 57
3) 이노비즈·메인비즈 인증 58

4. 알아두면 좋은 정책자금 주요기관 정보 _ 59

Chapter 04. 정부 R&D 지원사업 64

1. 중소기업, 왜 R&D를 수행해야 하는가? _ 64
2. 기업 성장의 핵심 레퍼런스, 정부 R&D 지원사업 _ 68
3. 정부 R&D 지원사업 전략 포인트 _ 71
1) 기술성 73
2) 사업성 73
3) 기술개발 역량 74
4) 정량적 지표 74

Chapter 05. 투자기관별 특성 비교 77

1. 엔젤 _ 78
2. 벤처캐피탈(VC) _ 80
3. 일반 금융권 _ 85
4. 일반 법인(CVC) _ 86
5. 사모펀드(PEF) _ 88

PART 02. 투자유치 전략

Chapter 01. 스타트업 투자유치 성공 프로세스 95

1. 국내 투자시장과 스타트업 투자유치 로드맵 _ 95
2. 초기 스타트업의 기업가치 계산법 _ 97
   1) 프리머니밸류 (Pre-money Valuation) 98
   2) 지분율 99
   3) 포스트머니밸류(Post-money Valuation) 99
3. 투자사들의 기업평가 요소 및 평가 항목 _ 101
4. NICE 평가정보의 기업평가등급 _ 103

Chapter 02. 투자심사 핵심포인트와 심사과정 107

1. 투자심사 핵심포인트 _ 107
   1) 자체 방법론(Consensus) 107
   2) 미래 성장 잠재력 108
   3) 선행 투자 가치와의 비교 109
   4) 투자 시장 상황 109
2. 투자심의 과정과 투자 실사(Due Diligence) _ 110
   1) 투심위 112
   2) 예비 투심위 112
   3) 본 투심위 113
   4) 투자 실사 점검 사항 114
3. 투자유치 진행 시 유의사항 _ 115

Chapter 03. 스타트업 투자계약서 작성 시 유의사항 118

1. 다양한 자금조달 유형 비교 _ 118
2. 채권적 투자, 전환사채, 신주인수권부사채, 교환사채, SAFE _ 120

3. 자본적 투자, 보통주, 우선주 _ 122

4. 상환전환우선주 발행과 인수 _ 123

5. 투자계약서 작성 시 유의사항 (상환전환우선주 RCPS) _ 124

Chapter 04. 투자금 확보를 위한 사업계획서 수립 방법 133

1. 사업실행을 위한 경영전략 수립 _ 133

2. 경영전략 수립을 위한 분석 TOOL _ 134

   1) SWOT 분석 135

   2) 3C 분석 137

   3) STP 분석 138

3. 마케팅 전략 수립을 위한 기본 TOOL _ 139

   1) 4P 분석 140

   2) 7P 분석 141

   3) 마케팅 채널 142

4. 성장단계의 이해 및 자금조달 계획 수립 _ 143

   1) 스타트업 성장단계에 따른 자금조달 계획 143

   2) 스타트업 시리즈 단계별 자금조달 방법 145

   3) 창업 후 5년 간의 자금조달 계획 수립방법 147

5. 추정재무 작성 방법 _ 154

   1) 추정 재무제표에 대한 이해 154

   2) 추정 재무제표 작성의 기본 155

6. 투자 성공률 높이는 사업계획서 작성방법 _ 160

   1) 사업계획서 작성 의의와 목적 160

   2) 사업계획서의 다양한 활용 161

   3) 사업계획서 작성을 위한 사업성 분석 방법 162

   4) 투자자가 외면하는 사업계획서 VS 관심을 가지는 사업계획서 165

프롤로그

　본 저서는 스타트업 컨설턴트, 스타트업 경영자, 기업 경영인, 변호사 등 다양한 분야의 전문가들이 각자의 경험, 지식, 지혜를 스타트업을 시작하려는 창업가에게 공유하고, 그들이 창업의 목적을 달성할 수 있도록 지름길을 안내하려는 마음을 담아 저술하였다.
　스타트업은 자신의 노하우와 기술을 기반으로 창업하여 성공하겠다는 청사진을 가지고 출발한다. 그러나 모든 스타트업이 성공의 목적지에 도착하는 것은 아니다. 성공이라는 목적지에 도착한 스타트업과 그렇지 못한 스타트업의 차이점을 분석하고 나열하는 것은 결과론이다. 그러나 스타트업을 창업하는 출발점에서부터 경영의 기본 원리와 원칙을 갖춘다면 스타트업이 추구하는 목적지에 도달할 가능성은 높아진다.
　TV 프로인 '골목식당'을 보면, 식당을 방문해서 제일 먼저 식당의 청결 상태, 메뉴의 구성, 메뉴의 원가 파악, 그리고 음식의 맛을 본다. 골목식당에 나오는 식당 중 일부는 청결 불량, 선택과 집중이 안 된 메뉴 구성, 원가 계산의 개념이 잡혀 있지 않는 등 식당 경영의 기본 원리와 원칙이 제대로 세워져 있지 않는 곳이 많다. 이처럼, 스타트업 경영자들에게 경영의 기본적인 원리와 원칙에 대한 인식을 가지고 있냐는 질문하였을 때 자신 있게 '그렇다'라고 답할 수 있는 경우는 얼마나 될까?

미국 유명 대학의 MBA를 마친 지인에게 MBA를 통해 무엇을 얻었는지에 대해 질문을 한 적이 있다. 아마도 '경영에 관해 배웠고, 많은 인맥을 만들었다.'라는 답이 나오지 않을까 생각했다. 그러나 지인의 대답은 예상과 달랐다. "자신감(confidence)을 얻었다. 어렵고 힘든 MBA 과정을 통해 교수들과 학우들로부터 인정을 받으면서 나의 생각과 아이디어에 대한 자신감을 얻게 되었다."라고 답변하였다.

스타트업 창업자들이 경영의 원리와 원칙에 대해 '자신감'을 갖지 못하는 것은 그러한 자신감을 얻을 수 있는 기회를 경험하지 못하였기 때문이다. 운전자는 안개 속을 운전할 때 앞이 보이지 않아 두려움을 느끼게 된다. 스타트업 창업자의 심정은 앞이 보이지 않는 안개 속을 운전하는 운전자의 심정과 다를 바가 없다.

무지한 상태에서의 자기중심적인 확신은 성공의 길로 가는 장애요인이 될 수 있다. 알아야 길이 보이고, 알아야 자신감이 생긴다. 앎을 통한 확신과 자신감을 가져야 경영의 안개를 투시할 수 있다. 스타트업 창업자들 중 자기 확신에 치우친 나머지 자신의 회사 사정, 고객, 시장, 경쟁자에 눈을 돌리지 않은 결과 사업의 목적지에 다다르지 못하는 경우가 많다.

본 저서는 스타트업 창업자들이 직면하는 경영의 안개를 잘 통과할 수 있는 길을 제안하려 한다. 스타트업 창업자들은 자신의 아이디어를 제품 및 상품화하는데 필요한 사업자금 확보에 가장 큰 신경을 쓴다. 사업자금 확보를 위해서는 사업자금을 제공해 주는 상대방을 설득할 수 있는 사업 청사진을 그려야 하고 구체적인 사업전략을 세워야 한다. 이러한 내용에 대한 제언을 통해 스타트업 창업자의 경영에 대한 두려움의 무게를 덜어주려 한다.

본 저서는 크게 두 개의 PART로 구성되어 있다. PART1은 스타트업 창업자가 반드시 알아야 할 투자유치의 기본적이고 필수적인 내용을 정리하였다. 투자유치의 개요, 스타트업 성장을 위한 회사의 구조, 정부정책자금 조달 방법, 정부 R&D 지원사업, 투자기관별 특성에 관한 내용이다. PART2는 투자유치를 위한 전략에 관한 내용이다. 스타트업의 투자유치 성공프로세스, 투자심사에 대한 준비, 스타트업 투자 계약서 작성법, 투자를 받기 위한 사업 전략수립과 사업계획서 작성법에 관한 핵심을 정리하였다.

마지막으로 영국 프로축구팀인 맨유를 이끌고 전성기를 만들었던 퍼거슨 감독이 남긴 명언을 소개하려 한다.

'우리의 경쟁자는 상대방의 골대를 향해 공을 차지만, 우리는 팬의 가슴을 향해 공을 찬다.'

스타트업 창업자도 어디를 향해 사업의 골을 차야 할지를 확고히 할 필요가 있다. 즉, 자신들의 고객이 누구인지, 그 고객에게 어떤 유용한 가치를 줄 수 있는지 명확히 해야 한다. 그러한 바탕 위에 새워진 사업전략과 사업계획을 가지고 자신의 스타트업에 적합한 투자처를 찾아야 한다.

본 저서를 통해 스타트업 창업자들이 성공 사업전략을 세우고 투자처를 찾아 설득하는 길을 찾기 바란다. 그 결과 각 스타트업 창업자들이 추구하는 목적과 목표의 결실을 얻길 바란다.

2023년 11월
저자 일동

Part 1

Chapter 01 투자유치 개요

Chapter 02 스타트업 성장을 위한 회사 기초구조 이해

Chapter 03 정부정책자금 조달방법

Chapter 04 정부 R&D 지원사업

Chapter 05 투자기관별 특성 비교

투자유치 ABC

마켓컬리 PRE-IPO 8,928억 원 + 투자유치

토스 Series C 8,500억 원 + 투자유치

당근마켓 Series D 2,270억 원 + 투자유치

야놀자 Series E 2조 + 투자유치

우아한형제들(배달의민족) M&A 4조 + 투자유치

마이리얼트립 Series E 1,224억 원 + 투자유치

(2022.12 THE VC 기준)

01

투자유치 개요

1. 스타트업, 왜 투자유치가 필요한가?

　대한민국 국민이라면 이름만 들어도 알만한 왼쪽 상단의 기업들은 모두 적절한 투자유치를 통해 유니콘 기업 반열에 오른 스타트업이다. COVID-19 이후 급변하는 시장에서 스타트업이 성장 기반을 확보하려면 적절한 시기에 적절한 금액을 투자 받는 것이 무엇보다 중요해졌다. 스타트업 관련 매체를 보면 매일같이 투자유치에 관한 소식이 새롭게 올라오고, 투자 금액 규모도 매해 기록을 경신하고 있다.

　2022년 1분기 국내 스타트업 투자 건수는 353건, 금액은 3조

1,418억 원으로 집계되었다. 말 그대로 투자의 봇물이 터지고 있다. 반면 이런 분위기 속에 내 회사만 투자유치를 받지 못하고, 성장이 정체된 느낌이 들지도 모르겠다. 창업 초기에는 '투자'라는 단어 자체가 생소하고, 누구에게, 또 어떻게 투자를 받아야 하는지 알 수 없어 막연하기만 할 것이다. 또한 투자유치 과정에서 겪는 정보의 비대칭성으로 인해 다양한 시행착오가 발생한다. 이런 고민을 가지고 있는 모든 스타트업을 위해 투자유치가 무엇인지, 투자유치의 ABC에 관해 자세하게 설명하고자 한다.

기업이 투자유치를 받아야 하는 이유는 하나다. 스타트업이 사업을 성공적으로 성장시키기 위해서는 자금이 필요하기 때문이다. 창업자가 본인의 자산이나 가족, 또는 지인의 도움으로 스타트업을 시작하더라도 결국 성장을 위한 추가자금 투입이 없다면 대부분 성장의 한계에 직면하게 된다. 외부에서 공급되는 추가 자금조달 없이 스타트업이 스케일업(scale-up)하는 것은 사실상 불가능하다. 자기 자본만으로 살아남는 일부 스타트업의 성공 사례도 있지만 이는 극히 드물다.

스타트업은 고객의 문제를 해결하기 위한 혁신적인 아이디어와 기술만으로 창업하는 회사다. 그렇다 보니 대부분이 소자본으로 창업을 한다. 이후 우수한 인재를 영입하고, 문제해결 수립과 그에 따른 제품 개발을 하는 과정을 거친다. 이를 위해서는 추가적인 자금이 필요한 것이 당연하다. 점진적 성장기(초기 성장기)에 필요한 자금을 확보하는 것 외에도 본격적인 성장기를 위한 자금을 안정적으로 공급받기 위해 투자유치는 필수불가결한 요소가 되었다. 긍정적인 소식은, 최근 몇 년간 미래 가능성이 있는 스타트업에 대한 투자가 급격히 늘고 있다는 것이다.

스타트업이 시장의 문제를 해결하기 위해 시작했던 사업의 출발점에서부터 유니콘 기업이 되기까지, 각 성장단계별로 적절한 타이밍에 자금유입이 필요하다. 따라서 기업의 성장단계를 예측하고 성공적으로 투자를 유치하기 위해서는 스타트업의 성장모형과 투자라운드를 이해할 필요가 있다.

1) 스타트업 J-커브 모형의 각 성장단계

스타트업의 성장모형을 Howard Love의 스타트업 J-커브(The Start Up J-Curve, 2006, 그림1)로 자주 설명한다.

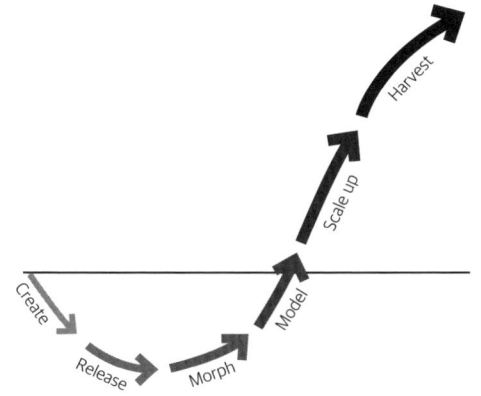

그림1. The Start-Up J Curve, Howard Love

이 모형은 기업의 성장단계를 그래프로 나타낸 것으로, 창업부터 제품·서비스의 출시, 변화와 전환, 비즈니스 최적화, 스케일업, 수익창출 후 EXIT(투자금 회수)까지 총 6단계의 과정이 J커브 모양으로 성장곡선을 그린다는 이론이다.

1단계. 창업 시작(Create)

아이디어를 바탕으로 팀을 꾸려 창업을 시작하는 시기다. 이 단계는 창업 초기이기 때문에 상대적으로 자본력은 취약하다. 아이디어와 기술만으로 투자자본을 확보하기 위한 활동을 하게 되며, 크라우드 펀딩, 액셀러레이터, 엔젤투자와 접촉하면서 투자자를 찾고 투자유치를 추진한다.

2단계. 시제품 출시(Release)

시장에 시제품을 출시하고 시장으로부터 피드백을 받는 시기다. 이를 반영해 제품 및 서비스를 개선해야 한다. 시제품 출시 단계를 흔히들 죽음의 계곡(Death of valley)이라 부른다. 아이디어에 대한 과신, 기술에 대한 집착, 고객 지향적이기보다 제품 중심의 사고로 시장의 피드백을 무시하면 결국 죽음의 계곡으로 떨어지기 때문이다.

3단계. 변화와 전환(Morph)

고객 및 시장의 피드백을 반영하여 제품 및 비즈니스 모델을 수정하는 단계이다. 아이디어에서 출발한 제품은 고객 및 시장의 피드백을 통해 제품 또는 비즈니스 모델이 자리 잡게 된다. 제품을 시장의 요구에 맞게 좀 더 구체화하고 수정하는 피봇(시장 피드백에 따라 제품·서비스, 비즈니스 모델 등을 다른 방향으로 전환하는 것) 과정을 여러 번 거치면서 최적의 비즈니스 모델을 찾는다.

4단계. 비즈니스 모델 최적화(Model)

구체화된 제품을 바탕으로 수익을 얻을 수 있는 최적의 비즈니스 모델을 구축하는 단계다. 이를 위한 사업화, 마케팅 전개, 유통 채널 구축 등에 필요한 자금조달이 필요한 시기이다. 시장에서의 브랜드 위상을 확보해야 하는 시기이며, 본격적으로 VC(벤처캐피탈)로부터 투자금을 확보하는 단계이다.

5단계. 스케일업(Scale up)

비즈니스 모델 수립 후 시장 진입의 성과를 기반으로 본격적으로 매출을 일으키는 단계다. 또한, 사업 초기에 직면한 죽음의 계곡을 넘어 본격적으로 성장하는 시기이다. 창업 초기단계와 성장단계 사이 존재하는 캐즘(Chasm, 기술 중심의 제품이 대중화를 하기 위한 노력이 성공하지 못했을 경우 빠지게 되는 협곡)을 극복해야 스케일업(Scale up, 창업 후 5년 이내의 기업 중 고용인원이 10명 이상이면서 매출이 3년간 평균 15~20% 이상 성장하는 기업)을 할 수 있다. 일반적으로 본 단계에서 헤지펀드, 투자은행 등 대규모 자금 운용 투자자가 합류한다.

6단계. 수익창출(Harvest)

스타트업에서 벗어나는 단계다. 스타트업의 규모화, 조직화, 비즈니스 모델 안착 등으로 실질적인 수익창출을 하며 투자회수 단계로 표현되기도 한다. 재무적 투자자라면 수익화를 위해 지분매각, 배당, 상장 등의 다양한 방법을 고려한다.

스타트업은 J곡선에 따라 단계별로 지속적인 투자유치와 성장을 거듭한 후 M&A(인수합병)나 IPO(기업공개)를 통해 엑시트(EXIT)를 한다. 각 단계별 스타트업에 투자하는 시기도 J-커브 그래프를 따라간다. 이때 각 단계별 스타트업에 투자하는 시기에 따라 그림 2와 같이 시드머니(Seed), 시리즈 A, 시리즈 B, 시리즈 C, 시리즈 D, E +이상의 단계로 구분할 수 있다.

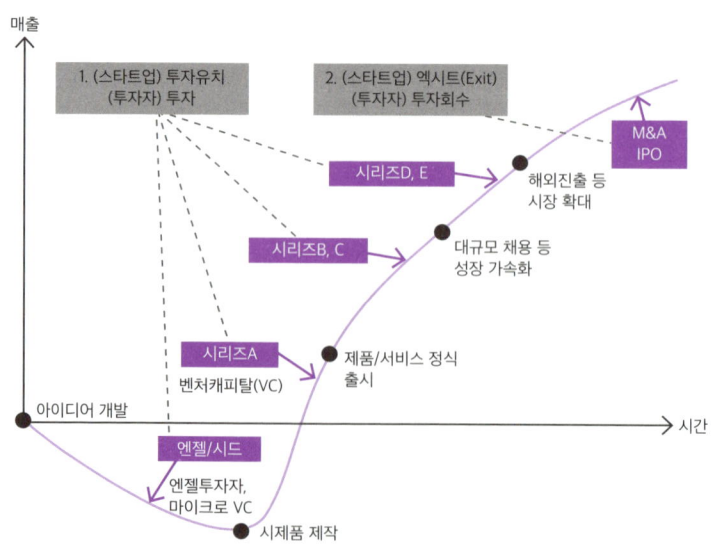

그림 2. 스타트업 J-커브 성장곡선, 한국무역협회

시드와 시리즈로 구분하는 투자라운드는 미국 실리콘밸리의 벤처캐피탈이 하는 투자 관행이 그대로 넘어온 것이다. 관행처럼 쓰이고 있어 사실 각 시리즈를 구분하는 기준은 명확하지 않지만 일반적으로 스타트업에서 필요로 하는 투자유치를 스타트업의 성장단계, 투자 회차, 투자유치 규모에 따라 구분해 놓았다.

2) 투자유치 라운드
(1) 시드 단계

'씨앗'이라는 시드(Seed)의 사전적 의미에서 알 수 있듯이 극초기(창업 1년 이내)의 스타트업에 투자하는 단계이다. 시드 투자를 받은 스타트업은 초기 버전인 프로토 타입의 제품 및 서비스를 개발하게 된다. 막 시작한 스타트업은 사업 위험도가 높으므로 몇 억 ~ 30억 원 정도 수준으로 기업가치가 결정된다. 보통 엔젤투자자나 엑셀러레이터가 창업 초기의 스타트업 창업자나 창업 멤버들의 역량, 아이디어, 제품의 시장성, 사업성장 가능성을 보고 수 천만 원에서 10억 원 이내의 금액을 투자한다. 최근에는 초기 스타트업에도 대형 투자를 하는 본엔젤스 파트너스, 롯데 액셀러레이터, 스프링 캠프 등 벤처캐피탈에 의한 투자가 늘고 있는 추세다.

(2) 시리즈 A 단계

시리즈 A 단계는 시드 단계에서 만든 프로토 타입의 제품 및 서비스에 대한 시장 검증을 받은 후 시장에 출시할 제품을 제작하거나 베타버전 혹은 정식 서비스 오픈 단계의 투자를 의미한다. 이때 본격적으로 벤처캐피탈(VC)의 투자가 이뤄진다.

스타트업의 규모나 그 스타트업이 속한 사업 분야에 따라 다르긴 하지만 시리즈 A에서는 보통 10억~50억 원 정도가 투자되며, 기업가치는 수십억 원에서 100억 원 정도로 평가된다. 이 시기에 투자를 받았다는 건 당장의 수익은 적더라도 향후 성장 가능성이 입증된 수익모델을 갖추었다는 것을 의미한다.

(3) 시리즈 B 단계

시리즈 A를 통해 출시된 제품과 서비스로 사업 규모를 스케일업 하는 단계이다. 출시한 제품과 서비스가 시장의 인정을 받고 상당 수준의 사용자를 확보하여 고정적인 수익을 내고 있는 상황에서 한 단계 더 성장하기 위한 목표를 세우는 단계이다. 이를 위해 우수 인력을 확보하여 양질의 제품 생산 및 서비스를 제공하고, 적극적인 마케팅과 연구개발을 위한 자금을 투입하게 된다. 고객확보 추이나 매출액 등의 지표로 회사의 가치를 평가할 수 있으며, 기업가치가 100억 원에서 수백억 원으로 평가된다. 높아진 기업의 가치만큼 시리즈 B 투자 금액도 50억~500억 원 정도가 된다.

(4) 시리즈 C+ 단계

시리즈 C 이상 단계는 시장점유율을 높이고 스케일업을 가속화하여 2차 사업 확대를 하는 단계이다. 검증된 비즈니스 모델을 해외 시장 진출로 확대하거나 연관 사업을 추진하기 위해 다른 회사 인수, 또는 새로운 제품 라인 업 개발을 위해 추가 투자자금을 모집하는 단계라고 할 수 있다.

시리즈 C까지 도달하면 이미 시장의 검증을 마쳐 사업리스크가 많이 감소한 상태이기 때문에 헤지펀드, 투자은행, 사모펀드 등이 투자자로 참여하기 시작한다. 기업가치도 수천억 원의 평가를 받으며, 투자금액도 최소 수백억 원에서 최대 수천억 원에 이른다.

2. 성공적인 투자유치를 위한 기본준비

스타트업은 창업을 위한 법인설립 단계부터 IPO를 염두해 투자계획을 세워야 한다. 미리 투자계획을 준비하지 않으면 투자유치까지의 과정 중에 초기 자금이 모두 소진되거나, 성장 과정이 지연될 수 밖에 없다. 또한, 사업의 정체기가 발생하여 경쟁업체의 시장진입 및 추월을 허용할 가능성이 높다. 그렇기 때문에 기업부설연구소 설립, 벤처인증 획득, 정책자금 및 R&D자금 확보, 제품생산, 마케팅, 투자 자금조달 방법 등을 창업 준비단계부터 미리 계획하고 준비해야 스타트업은 투자 계획의 내비게이션에 따라 지속적이고 급진적 성장 과정에 더 집중할 수 있다.

1) 투자제안서(IR) 작성 핵심포인트

투자계획을 세울 때 앞서 설명한 투자유치 단계별 목적에 맞는 투자제안서를 작성하는 것이 필요하다. 정부자금신청·벤처기업 등록을 위한 기술사업계획서 작성과 투자유치 과정을 한 번이라도 경험해 본 기업이라면 알겠지만 사업계획서의 내용은 대상에 따라 달리 작성하는 것이 중요하다. 즉, 투자자에 따라 투자 심사 포인트가 다르기 때문에 그 포인트에 맞추어 사업계획서를 작성해야 하며, '투자를 받고자 하는 사업의 정체성과 비전이 무엇인지', '이 제안서를 읽고 우리 사업의 정체성과 비전을 투자자가 이해할 수 있는지'를 끊임없이 질문해야 한다.

또한 사업계획서는 스타트업의 어느 단계에서, 어느 투자자에게, 어느 정도의 투자금을 요청하느냐에 따라 그 목차나 내용이 달라져야 한다. 사업 내용에 관한 핵심 사항 도출과 요약을 잘 하는 것이 성공적인 제안서의 포인트다. 수백 건의 제안서를 마주할 투자자들을 고려하여 첫 페이지에 사업 관련 핵심을 잘 정리하는 것이 바람직하다.

스타트업이 만드는 투자제안서 자료는 하나지만, 투자자가 각 단계에서 받아들이는 투자유치서의 역할과 의미에는 분명 차이가 있다. 따라서 스타트업 대표는 VC의 투자유치 프로세스에 대해 정확히 이해하고, 각 단계별로 투자제안서의 작성 순서와 핵심 내용을 다르게 작성하도록 하자.

투자 제안서(IR) 구성 예시

1. 핵심 요약
2. 기업 현황
   1) 일반 현황
   2) 사업 현황
   3) 지적재산권 및 R&D 진행과제
3. 재무 분석
   1) 요약 재무 현황
   2) 차입금 현황
   3) 담보 제공 및 보증
4. 시장 분석
   1) 국내 시장 규모 및 동향
   2) 세계 시장 규모
   3) 당사 주력시장 전망
   4) 국내·해외 경쟁사 현황
5. 사업성 분석
   1) 투자자 관점
   2) 주력 분야 특징 및 사업적 주요 이벤트
   3) 매출 시뮬레이션
6. 리스크 분석
7. 투자 개요
8. 종합 의견
9. 첨부자료

2) 투자유치 프로세스

투자유치 프로세스는 퍼넬링(Funneling)이라고도 한다. 마치 깔때기가 여과하듯 스타트업 발굴을 위한 첫 단계부터 최종 투자 집행까지 심사 단계를 거친다. 이런 과정을 통해 수천개의 스타트업 중 선택된 일부에게만 투자가 결정된다.

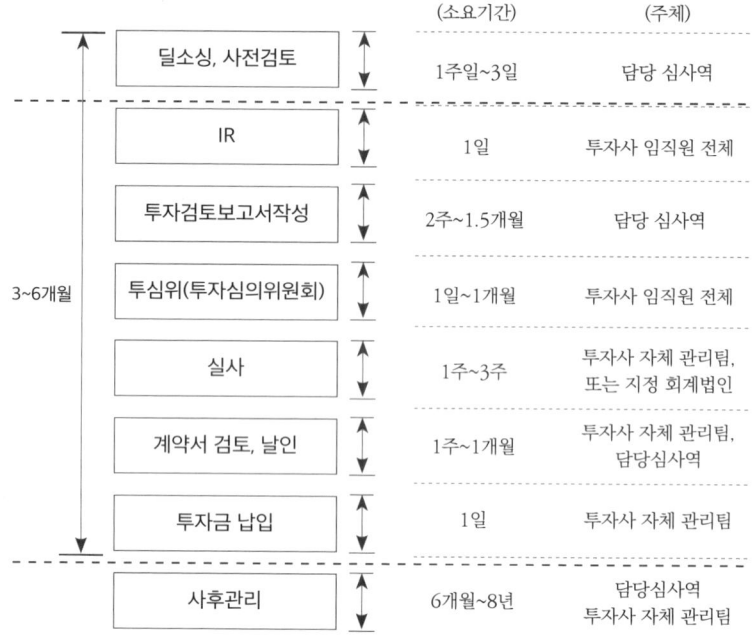

표1. 투자유치 프로세스

표1에서 보듯 투자유치는 딜소싱, 사전검토부터 최종 계약 후 투자금 납입까지 최소 6개월 이상의 시간이 소요된다. 따라서 스타트업 대표는 그 기간에 회사를 운영할 수 있는 자금분석을 미리하고 투자유치를 준비해야 한다.

3. 스타트업 성장의 가시적인 지표, 마일스톤

더멋 버커리의 저서 '스타트업 펀딩'에서 마일스톤에 관해 다음과 같이 정의했다.

'마일스톤(Milestone)이란 제품개발·고객확보·우수 경영진 고용 등과 같은 중요한 사건들을 의미한다. 일군의 마일스톤이 모여 성장단계가 되고 각각의 성장단계는 회사의 진보에 대한 통합적 사고를 가능하게 해준다.(출처: Dermot Berkery, 스타트업펀딩, e비즈북)'

즉, 마일스톤이란 스타트업이 성장과정에서 거쳐야 하거나 달성해야 하는 단계별 목표라고 할 수 있다. 마일스톤은 스타트업 뿐만 아니라 투자자에도 중요하다. 또한 미국 미시간대의 칼 와익(Karl Weick) 교수는 작은 승리 전략(Small Wins Strategy)을 통해 작은 성공이 큰 성공을 만든다고 주장했다.

'한 번의 작은 승리 자체는 그다지 중요해 보이지 않는다. 그러나 작지만 중요한 업무를 여러 차례 성공적으로 해내면 일종의 패턴이 생겨나기 때문에 결국 동지가 모여들고, 적을 물리칠 수 있게 되며, 이후의 제안에 대한 저항도 낮아지게 된다. 일단 작은 승리를 달성하면 모종의 힘이 작용하기 시작하여 다음 번 작은 승리로 이어지게 된다. (출처: Weick,Karl E., Small wins: Redefining the scale of social problems.)'

어떤 문제를 극복 불가능한 것으로 인식할수록 인간의 무력감과 불안감은 가중된다. 결국 해당 문제에 압도당해 아무 일도 해보지 않은 채 끝나기도 한다. 하지만 문제를 잘게 쪼개 작은 문제부터 해결하면 인간은 상당한 성취감과 안정감을 느끼게 된다. 이를 바탕으로 더 큰 문제를 해결할 수 있는 자신감과 도전 의지가 생긴다는 것을 의미한다. 예를 들어, 높은 산을 오르는 것이 겁날 때 이를 극복하는 가장 좋은 방법은 산 중간중간에 있는 정상으로 가는 이정표를 통해 어떤 방향으로 얼마큼 더 가야 정상이 나오는지 작은 목표들을 세우며 걷는 것이다. 이런 작은 목표들이 없으면 등산 도중에 정상을 오르겠다는 목표를 잃게 되고 의지도 상실될 수 있다. 산 정상까지 이정표가 있기 때문에 자신이 가려고 하는 목표와 거리를 계산해 체력을 안배하며 목포 지점까지 도달할 수 있다.

마라톤에도 5km, 10km마다 거리 표시가 있다. 마라톤의 42.195km라는 끝이 보이지 않는 결승점을 향해 달리는 도중 만나게 되는 거리 표시를 중간 목표로 하고 달리다 보면 궁극적으로 결승점에 도달할 수 있다. 스타트업의 성장도 마찬가지다. 아이디어 및 기술만 가지고 창업하여 실제로 구현하기까지 단계별로 중간 목표에 해당하는 마일스톤을 설정해야 한다. 그것이 기업의 방향성과 지속성을 높여 IPO(기업공개)를 달성하게 하는 하나의 원동력이 된다.

스타트업의 성장 과정에서 마일스톤이 중간 목표의 역할을 한다. 스타트업 경영을 위해 수립한 각 마일스톤의 달성도를 보면 성공 가능성을 좀 더 정확하게 예측할 수 있다. 이런 이유로 벤처캐피탈 같은 투자자들이 투자를 결정할 때에도 성장단계별 마일스톤의 목표 달성 가능성을 확인하려고 하는 것이다. 물론 마일스톤을 달성한다고 반드시 사업이 성공하는 것은 아니다. 하지만 스타트업이 마일스톤을 달성하였다는 것은 각 성장단계를 차곡차곡 밟아가고 있다는 것을 증명하는 것이 되며, 결국 스타트업 성장의 가시적인 지표가 된다.

따라서 스타트업은 특정 성장단계에서 투자자금을 유치하고자 할 때 투자자로부터 유치한 투자자금으로 어떠한 마일스톤을 달성할지를 명확하게 제시해야 한다. 또한, 회사 임원들은 목표한 마일스톤를 달성하였는지를 수시로 확인하여야 한다. 이를 통해 스타트업은 각 성장단계에서 작은 성공을 발판으로 삼아 더 큰 성공으로 도약할 수 있다.

02

스타트업 성장을 위한
회사 기초구조 이해

1. 자금조달을 위한 주식회사 설립 절차

스타트업을 시작하려면 제일 먼저 회사를 세워야 한다. 그런데 우리나라는 개인사업자와 상법상 합명회사, 합자회사, 유한책임회사, 유한회사, 주식회사 등으로 회사의 종류가 다양하여 어떤 회사를 설립할지 선택하기 어렵다. 개인사업자로 시작하여 규모가 커지면 법인으로 전환하자는 생각을 쉽게 하는데, 사업 초기부터 자금조달을 하고자 하는 계획이 있다면 주식회사로 설립하는 것을 추천한다.

상법에서는 회사 채무에 대해 사업자 개인 재산으로 책임을 지는 경우 무한책임이라고 하고, 출자액 한도로만 책임을 지는 경우 유한책임이라고 한다.

합명회사는 무한책임으로 매우 친밀한 소수의 사람들이 신뢰관계를 기초로 경영하는데 적합하고, 합자회사는 무한책임사원이 경영하는 사업에 유한책임사원이 자금을 투자하는 형태이다. 주식회사와 유한회사는 유한책임을 지면서 주식회사에서 그 조직 및 운영을 간소화하여 이사회와 대표이사를 분화하지 않고 감사를 임의기관으로 하는 것을 의미한다. 유한책임회사(LLC)는 유한책임이면서도 기관을 두지 않고 직접 업무집행하여 사적 자치가 넓게 인정되며 법무법인, 회계법인, 의료법인 등 전문직 기업에서 많이 활용된다.

개인사업자의 이점은 설립절차가 간단하고, 소득 기준이 낮아 과세표준이 4,600만 원 이하인 경우 소득세율이 15%로 법인세보다 세금이 낮다는 것이다. 반면 단점은 대표자가 무한책임을 지고, 소득이 높아질 경우 세율이 법인보다 높으며, 기업 영속성이 불투명하고, 대외 신용도가 낮아 자금조달이 어렵다.

또한 법인으로 전환하고자 할 때 현물출자나 포괄양수도로 진행되면서 가치평가, 감정 등 다양한 추가비용이 발생되고, 개인사업자로 운용할 때 재무 건전성이 좋지 않게 평가되거나, 영업기간을 인정받기 어려운 경우도 있다. 따라서 스타트업으로 사업을 성장시키기 위해서는 자금조달에 용이하고 유한책임을 지는 주식회사 설립을 추천한다.

주식회사 설립 절차로는 정관 작성, 자본금 납입, 창립총회 개회, 창립총회일로부터 2주 이내 설립 등기, 설립 등기 후 30일 이내 관할 세무서에 설립 신고 및 사업자 등록신청을 해야 한다.

보통 설립 절차를 법무사나 변호사에게 설립 등기의무를 의뢰하면서 정관 작성, 창립총회 의사록 작성 등을 대신 처리해 주도록 하거나, 세무사에게 기장 업무를 맡기면서 사업자등록 신청 등을 처리해 주도록 하여 설립 절차에 크게 신경을 쓰지 않는 경우가 많다. 그러나 설립 절차 과정에서 놓친 내용을 나중에 급히 수정하려다 보면 시간에 쫓기는 사례가 많으니 설립 시 상담 및 컨설팅을 통해 신중히 검토해야 한다.

2. 정관 작성 시 유의사항

정관은 법인의 헌법과도 같다. 정관 작성시 반드시 기재해야 하는 절대적 기재사항은 상법 제289조에 따라 '목적(구체적으로 향후 취급 업종까지 포괄 기재), 상호(주식회사 문구 사용), 회사가 발행할 주식의 총수, 1주당 금액, 자본금(100원 이상), 본점 소재지, 회사의 공고방법(관보, 일간신문), 발기인 성명과 주민번호 및 주소 등이다.

스타트업이 자금조달을 위해 나중에 상환전환우선주 등을 발행할 것이 예상되는 경우, 추후 정관 변경을 하여도 되지만 정관 변경은 상법 제433조에 따라 주주총회 특별결의로 출석한 주주 의결권의 3분의 2 이상의 수와 발행주식 총수의 3분의 1 이상의 결의를 얻어야 하므로 그 변경 과정이 매우 까다롭다. 이에, 가급적 미리 상법 제345조 제3항에 따른 회사 정관에 주주가 회사에 대하여 상환청구를 할 수 있다는 뜻, 상환가액, 상환청구기간, 상환의 방법 등과 관련한 사항들을 미리 정해두는 것이 좋다.

또한 자본금 10억 미만의 소규모 회사의 특례로서 이사의 수는 원칙적으로 3인 이상이어야 하나 1, 2인으로 하고 싶은 경우 정관에 2인 이하로 이사를 둘 수 있음을 기재하여야 가능하다. 대표이사는 이사회로 정하는 것이 원칙이나 이사가 2명일 때에는 이사들의 합의로 정할 수 있다고 정관에 기재하여 2인의 이사 중 1인을 대표이사로 둘 수 있게 한다.

3. 자본금 규모 및 납입 시 주의사항

적정한 자본금 규모는 회사마다 천차만별이지만, 일반적으로 최소 필요자금으로 최초 3개월 정도는 수입이 없을 수 있기 때문에 약 3개월 분의 운영자금(원재료비, 인건비, 경비, 임차료 등)과 시설투자비(임차보증금, 인테리어, 컴퓨터와 비품, 기계장치 등 구입비)에 해당하는 금액이 필요하다.

주식회사의 주주는 유한책임을 지기 때문에 상법은 주식회사에 대한 채권자의 보호를 위하여 일정한 금액을 자본금으로 정하여 회사의 재산으로 확보하도록 강제하고 있다. 2009년 상법 개정으로 5,000만 원 최저 자본금은 폐지되었고, 최소 액면금액이 1주 당 100원이어서 자본금은 100원 이상이면 얼마든지 무관하다. 하지만 인허가 업종은 해당 법률에서 정한 최소 자본금 제한이 따로 있으니 반드시 확인해야 한다.

자본금을 납입할 때 일시 차입금 등으로 법인 계좌에 돈을 넣었다가 바로 빼내는 방식으로 실제 납입하지 않고 외관상으로만 납입한 것처럼 가장하는 경우가 종종 있다. 이는 납입가장죄에 해당되어 상법 제628조에 따라 5년 이하의 징역 또는 1천500만 원 이하의 벌금에 처하게 되고, 공정증서 원본부실기재죄 및 동 행사죄도 같이 성립하여 5년 이하의 징역 또는 1천만 원 이하의 벌금에 처하게 되니 주의를 해야 한다.

4. 주주 지분구조, 동업계약서의 중요성

주식회사는 자본금(출자금)을 납입한 주주로 구성되며, 1인이 100% 납부한 1인 회사와 동업 또는 파트너 개념으로 여러 명의 주주가 함께 출자하는 경우가 있다. 주식은 주주의 사유재산이므로 주주가 양도해 주지 않는 이상 주식매각을 강제할 수 없는 것이어서 설립 시 주주의 구성을 신중히 하고, 주주 간 계약(동업계약)을 명확히 세워 둘 필요가 있다.

사업초기 동업계약서는 동업이 깨지거나, 사업이 확장되어 지분을 일부 내놓아야 하는 경우 또는 파트너의 건강이 악화되는 등 장래의 위험을 미연에 방지하는 목적으로 작성해 두어야 한다. 자금조달을 예정하고 있는 경우 투자자와의 협의에 따라 지분변동 가능성이 높고, 주주들의 적극적인 협조를 요하기 때문에 창업 초기에는 지분분배를 최대한 보수적으로 운용해야 한다. 투자를 유치할 때 한국의 VC들은 대표이사(전업 창업자)의 지분이 압도적으로 높고, 공동창업자 및 핵심인력은 적절히 적은 지분을 보유하여 의사결정이 빠르고 경영권 방어에 문제가 없게 하여야 한다. 소액주주(외부 투자자)나 비전업 창업자의 지분이 많지 않는 것을 선호하므로 적절한 지분비율로 관리하는 것을 추천한다.

동업계약서는 동업자 간 사업의 비전을 공유하며 명확하고 자세히 작성하는 것이 좋다. 동업계약서에 기재되어야 할 내용으로는 ① 동업 사업을 특정하고, ② 서로의 인적사항(이름, 생년월일, 주소)을 적고, ③ 출자금액 및 출자방법(현물, 노무 등 가치 환산, 기여도)과 지분율 결정, ④ 출자 시기 지연에 따른 책임, ⑤ 사업으로 인한 이익과 손실의 분배비율, ⑥ 동업관계 청산 시 청산 방법(퇴사 시 지분 보유 및 환수에 관한 내용), ⑦ 동업자의 사망이나 질병 시 정산 방법, ⑧ 영업비밀 등 비밀유지의무를 기재하고 위반 시 책임에 대한 내용 등을 포함하여야 한다.

회사 설립 시 경영권 안정과 동업에 따른 갈등을 최소화하기 위해서는 최대주주는 주식의 과반수를 보유하는 것이 필요하다. 스타트업은 주식 보유에 따른 회사의 '소유'와 대표이사로의 회사 '경영'이 분리되지 않고 최대주주가 대표이사인 경우가 많다. 그래서 대표이사가 회사의 경영권을 가지고 있다고 오해하는 경우가 많은데, 이사를 선임하는 것은 주주총회(주총)이고 주총의 보통결의로 출석주주의 과반수와 발행주식 총수의 4분의 1 이상으로 선임한다. 이사의 해임은 주주총회 특별결의로 출석주주의 3분의 2 이상과 발행주식 3분의 1 이상의 결의로 해임할 수 있어 주주가 대표이사 위에 있음을 명심해야 한다.

주식회사 지분의 의미는 지분율에 따라 다음과 같이 구분된다. 3% 소유 시 위법행위 감시 통제 가능, 25% 단독 출석 시 보통결의사항 통과 가능, 33.4% 단독 출석 시 특별결의 통과 가능, 50%+1주 이상 시 보통결의사항 통과, 66.7% 특별결의사항 통과가 가능하다.

보통결의사항과 특별결의사항 내용은 다음과 같다.

● 주주총회 보통결의사항
  ○ 이사, 감사, 청산인의 선임 및 해임, 보수의 결정
  ○ 주주총회 의장 선임
  ○ 자기주식취득, 지배주주의 매도청구권
  ○ 결손 보전을 위한 자본금 감소, 법정 준비금 감소
  ○ 재무제표의 승인, 이익의 배당, 주식 배당
  ○ 검사인의 선임, 청산 종료의 승인

- 주주총회 특별결의사항
  ○ 이사 또는 감사의 해임
  ○ 정관 변경, 영업의 전부 또는 중요한 일부 양도
  ○ 영업 전부의 임대 또는 경영 위임
  ○ 회사 영업에 중대한 영향을 미치는 다른 회사의 영업 전부 또는 일부 양수
  ○ 주식매수선택권 부여
  ○ 자본금 감소, 합병 및 분할, 사후 설립, 임의 해산
  ○ 주주 외의 자에 전환사채 및 신주 인수권부 사채발행
  ○ 주식의 포괄적 교환·이전, 주식분할, 할인발행

1) 주식의 명의신탁 금지

주식은 다른 사람에게 명의신탁 해서는 안 된다. 과점주주(특정 주주 및 그 친족이나 특수관계에 있는 자가 가진 주식비율이 총발행주식수의 50%를 초과하는 경우)에 해당하여 법인의 세금(국세, 지방세, 취득세 등)에 대하여 법인을 대신한 제2차 납세의무를 지게 될 것을 회피하려 하거나, 배당소득의 종합소득세 부담을 줄이려는 목적으로 주식을 명의신탁하는 경우가 종종 있다.

그러나 수탁자(주식을 받은 사람)가 신탁 받은 사실을 부인하는 경우 그 반환이 매우 어렵고, 그 회복을 위한 소송을 진행해도 모든 입증책임이 신탁자에게 있으며 소송에 수 년이 소요될 수 있다. 차명 주식이라 할지라도 주주명부에 기재된 자가 의결권을 행사할 수 있기 때문에 수탁자가 의결권을 행사해 신탁자가 회사의 지배력을 잃어 심지어 회사를 빼앗길 수 있고, 반대로 신탁된 주식을 다시

되찾아 올 경우 양도세 및 증여세, 신고 및 납부불성실 가산세 등의 엄청난 세무위험도 뒤따라오게 된다.

2) 대표이사, 이사, 감사, 이사회 구성 방법

상법상 이사회는 회사의 업무집행에 관한 의사결정과 이사의 직무집행을 감독하는 이중적 지위를 가진 주식회사의 필수적 상설기관이다. 이사회는 업무에 관한 의사결정을 하고 그 의사의 집행은 이사회가 선임한 대표이사가 수행하게 된다.

이사회는 주주총회에서 선임되어 등기된 3인 이상의 이사(사내이사, 사외이사, 비상근이사)로 구성되며 이사가 2인 이상인 경우 이사회에서 대표이사를 선출할 수 있고, 감사 또는 감사위원회를 설치해야 한다. 또한 앞에서 본 것처럼 자본금 총액이 10억 미만의 소규모 회사에서는 이사를 1, 2인으로 정할 수 있고 감사를 두지 않을 수 있다. 이때에는 1, 2인의 이사가 각 회사를 대표하고, 그중 1인을 대표로 하는 합의를 통해 둘 중 1인을 대표이사로 정할 수 있다.

상법 제393조 제1항은 회사의 중요한 업무집행은 이사회 결의로 한다는 점을 정하고 있고, 상법 및 정관에서 이사회 결의를 요구하는 사항은 대표이사에게 위임할 수 없다. 상법 또는 정관에 열거되어 있지 않더라도 회사의 중요한 의사결정은 모두 이사회의 권한이고, 이 경우에는 대표이사에게 위임할 수 있으므로 이사회 결의로 위임하여 대표이사가 업무집행을 할 수 있도록 해야하며 임의로 집행해서는 안 된다. 이사회 없이 업무가 진행될 경우 배임, 횡령 등 형사처벌 이슈가 함께 발생하니 신중해야 한다.

● 이사회 결의사항 - 이사 과반수 출석, 출석이사 과반수 찬성
　○ 신주, 사채, 전환사채, 신주인수권부사채의 발행
　○ 회사의 중요한 자산의 처분 및 양도, 대규모 재산의 차입
　○ 주주총회 소집권, 대표이사 선임, 공동대표의 선임
　○ 지배인의 선임 및 해임, 지점의 설치, 이전, 폐지
　○ 이사의 경업, 사업기회 유용, 자기거래의 승인
　○ 주식매수선택권의 취소, 자기주식의 처분이나 소각, 준비금의 자본전입
　○ 재무제표, 영업 보고서의 승인, 주식양도의 승인
　○ 중간배당, 간이합병, 소규모 합병의 계약서 승인
　○ 간이 주식교환, 소규모 주식교환

스타트업에서 대표이사 및 임원을 선정하고 이사회나 감사를 구성하는 과정에서 주변 지인 등으로 대충 구성하거나 시간에 급급하여 신중함 없이 정하는 경우가 더러 있다. 그러나 주식회사의 각 기관들은 그렇게 쉽게 정하기에는 여러 법률상 책임이 따른다는 것을 이해하고 법률상담을 받아 구성을 고민하고 결정하는 것이 좋다. 회사를 설립하면서 자금조달을 계획한다면 자본금 10억 이하 소규모 회사임을 전제로 하여 주식회사 운영을 잘 이해하고 책임질 수 있는 대표이사와 실력 있는 CTO(이사) 두 명으로 구성하여 감사 없이 운영할 수 있다.

03

정부정책자금 조달방법

1. 정부정책자금의 필요성과 주요특징 비교

창업을 한다는 것은 누구에게나 큰 모험이자 도전이다. 창업과 동시에 매출이 꾸준히 성장한다면 더 바랄 것이 없겠지만 실상은 수많은 시행착오를 겪게 된다. 게다가 이미 기반을 다진 기존 기업들과도 경쟁을 해야만 한다. 스타트업은 이러한 무한경쟁의 정글 속에서 어린아이의 홀로서기 과정과 비슷한 과정을 거쳐야 한다.

어린아이는 성장하고 자립할 때까지 성인의 보호와 지원을 필요로 한다. 적절한 보호와 지원을 통해 어린아이가 밝고 건강하게 잘 자라면 국가와 사회 입장에서는 매우 유익한 일이다. 이와 비슷한 맥락으로 정부는 창업기업 육성을 통해 고용을 증가시키고 소비지출을 늘리며, 수출로 국부를 늘려 더 많은 세금을 걷는 등의 경제효과를 발생시키기 위해서 당연히 스타트업을 위한 다양한 지원제도에 많은 신경을 쓸 수밖에 없다. 우리나라는 국가주도의 경제개발 계획을 통해 민간기업을 대기업으로 발전시켜서 한강의 기적이라는 경제발전을 이루었다. 이렇듯 우리나라의 기업을 지원하는 정부정책은 역사도 깊고, 기업에 대한 지원 체계도 고도화되어 있다.

그러나 대부분 초기 창업 시에는 창업 및 매출 실현을 위한 준비에 여념이 없기 때문에 정부자금정책 내용을 파악하여 회사 경영에 적용한다는 것이 쉽지 만은 않다. 그렇지만 스타트업이 정부정책자금을 확보하는데 많은 관심과 노력을 지속적으로 기울이다 보면 기업의 성장에 유용한 다양한 혜택을 얻을 수 있다는 것을 명심하자.

정부정책자금이란 금융시장에서 기업의 정보 비대칭성으로 인해 일어나는 비효율성이나 시장 실패를 보완하려는 정부의 금융적 지원이며, 지원의 성격에 따라 다음과 같이 분류해 볼 수 있다.

첫째, 보조금 및 정부출연금이다. 보조금은 정책사업에 선정된 기업에 무담보·무이자로 지원하며, 일체의 상환의무가 없는 자금이다. 대표적으로 수출 바우처·제조혁신 바우처·해외지사화 사업 등을 들 수 있다. 정부출연금은 정부과제사업에 선정된 기업에 무담보·무이자로 지원되는 자금으로 R&D자금, 스마트공장, 정보화지원 사업 등이 있다.

둘째, 융자자금이다. 융자자금은 정부가 민간 금융기관보다 낮은 이율로 중소기업의 자금 확보를 도와주는 자금이다. 주로 정책 목적성에 맞는 창업 자금·수출기업화 자금·재창업 자금 등의 명분으로 융자를 지원한다.

셋째, 투자금이다. 투자금은 정부가 주식 등의 형태로 투자하는 출자금이다. 대표적인 예로 성장공유형 자금을 들 수 있다.

초기 창업 기업일수록 자금확보 리스크에 취약하므로 위의 자금 중에서 가장 경영적인 부담을 주지 않는 보조금과 출연자금을 적극 활용하는 것이 좋으며, 융자·투자금은 기업의 경영 상황에 따라 시기적절하게 조달하여야 한다. 스타트업을 성장시키고자 한다면 위와 같은 다양한 자금의 성격을 이해하고 이를 기업의 목적에 맞게 활용할 줄 아는 능력과 전략을 연마하는 것이 중요하다.

구분	정부출연금(보조금)	융자	투자
지원대상 선정방법	공모형(경쟁) 비공모형(요건충족)	공모형(경쟁)	공모형(경쟁)
수령시기	분산지원 정기·수시 (발생시마다) 기업 생애 주기별	일괄 지원 기업 생애 주기별	일괄 지원
지원방식	사업화 자금 및 보조금 R&D 바우처 고용 지원 판로 및 컨설팅	융자(직접 대출) 보증서 발행 (간접 대출) 이차보전	엔젤 투자 엑셀러레이터(AC) 벤처캐피탈(VC)
특징	무담보, 무보증, 무상환 R&D의 경우 일부 기술료 상환	원금과 이자 상환(저금리) 부채비율 증가	대규모 자금 확보 지분 희석, 경영 간섭

| 지원기관 | 각 부처, 지자체, 공공기관 등 | 중진공, 소진공(직접대출) 기·신보, 지신보(간접대출) | 중소벤처기업부, 중진공, 투자기관 등 |

표2. 자금조달 종류 및 주요 특징 비교

성장단계	소요자금	관련자금
창업단계	R&D, 시제품 제작, 시장조사 등	출연자금(R&D자금), 엔젤펀드, 벤처캐피탈, 크라우드펀딩
성장단계	생산설비투자, 운전자금	정책자금, 은행, 벤처캐피탈, 기관투자
확장단계	설비확장투자, 해외진출	정책자금, 은행, 증권시장(주식·회사채), 바우처
성숙단계	신제품 개발	정책자금, 은행, 증권시장(주식·회사채)

표3. 중소기업의 성장단계별 자금조달시장

정부정책자금의 역할은 다음과 같다.

첫째, 시장의 실패를 보완하는 것이다. 민간 금융권이 자금을 공급하지 않는 곳에 정책금융이 자금을 공급함으로써 금융시장 실패 영역을 보완한다. 창업 초기, 영세 소기업으로 담보가 부족하고, 금융거래 실적이 없어 신용등급 생성이 어렵다보니 민간 금융권이 대출을 기피하는데 이러한 영역을 정책자금이 지원하는 것이다.

둘째, 경제 위기 시 정책 금융을 확대하여 기술·사업성이 우수한 기업의 퇴출을 방지하고, 자연재해, 사회재난으로 피해를 입은 중소기업의 피해 복구를 지원한다. 예를 들면, 유동성 공급을 통해 IMF, 리먼 사태, 코로나 팬데믹 등으로 인해 일시적 경영난에 봉착한 기업의 위기극복을 지원한 사례가 대표적이다.

셋째, 정책적으로 육성이 필요한 분야의 중소기업에 대한 선택과 집중을 통해 정부 정책목표 달성에 기여하는 것이다. 정부는 4차 산업혁명 분야, 혁신성장 분야, 일자리 창출기업, 수출기업 등에 우선 지원함으로써 미래유망 업종에 대한 성장을 촉진한다. 그리고 사회적 경제기업 및 불공정거래 피해기업에 대한 정책자금지원을 통해 금융 사각지대를 축소하기도 한다.

(단위:조 원)

연도	정부예산 규모	증가율	R&D 투자
2016년	386.4	2.9	19.1
2017년	400.5	3.7	19.5
2018년	428.5	7.1	19.7
2019년	469.6	9.5	20.5
2020년	513.5	9.1	24.2
2021년	555.8	8.5	27.4
2022년	607.7	8.9	29.8
2023년	638.7	5.2	31.1

표4. 연도별 정부 총 지출, R&D 투자 추이

위 표를 보면, 우리나라 한 해 예산의 규모는 지난 2020년부터 2023년까지 코로나 팬데믹 기간 동안의 확장적 재정을 통해 특히 높은 증가율을 보여준다. 이는 정부가 기업 및 가계를 지원하여 코로나 팬데믹에 의한 재정적인 위기를 극복해왔다는 것을 의미한다. 또한 이 기간에 기업의 성장동력인 R&D 관련 예산을 지속적으로 증액하여 기술력 있는 기업에 대한 지원을 확대해 온 것을 알 수 있다.

(단위:조 원)

구분	간접금융					직접금융			합계
	은행	중진공	소진공	비은행	소계	주식·회사채	벤처투자	소계	
19년	733.8	16.6	6.3	188.8	945.5	3.1	12.1	15.2	960.7
20년	819.4	19.4	9.6	251.2	1,099.6	4.7	14.5	19.2	1,118.8
21년	903.9	21.9	11.4	322.4	1,259.6	5.2	20.5	25.7	1,285.3
21.9월	960.7	24.0	12.8	395.4	1,392.9	3.7	24.8	28.5	1,421.4

표5. 최근 3년 간 중소기업 금융공급 규모
*잔액기준(단, 주식·회사채는 신규조달금액), 은행·비은행 대출은 `22.8월말 기준
**비은행 대출: 상호저축은행, 신용카드사, 상호금융조합, 생명보험 등

    스타트업은 사업 초기에 정부가 지원하는 정책자금을 잘 활용하면 회사의 자립 및 성장에 많은 도움을 받을 수 있다. 스타트업이 정부 정책자금의 종류를 이해하고, 정책의 방향과 활용할 수 있는 창구를 잘 숙지하여, 시기적절하게 활용하는 것이 회사의 운명을 크게 좌우한다고 해도 과언이 아닐 것이다.
    이번 장에서는 주로 스타트업의 융자 및 융자에 도움이 되는 인증제도를 주로 다루고자 한다. 그리고 마지막 부분에는 도움이 될 만한 정부지원사업을 열람할 수 있는 홈페이지 주소를 모아두었으니 기업 운영에 적극적으로 활용하기 바란다.

2. 정책자금 대출기관의 특징 및 소개

1) 중소벤처기업진흥공단
- 정책목적

(1) 민간금융 자금조달이 어려우나 기술성과 사업성이 우수한 창업초기 기업 등에 중점 지원

(2) 생산 파급효과와 고용흡수력이 높은 혁신성장 분야에 집중 지원

(단위:억 원)

사업	예산	내역사업	사업분야
혁신창업 사업화자금	22,300	▶창업기반 지원 ▶개발기술사업화 자금	창업기업 생산기반 마련 지원 특허개발기술 등 기술사업화 지원
신시장진출 지원자금	3,570	▶내수기업수출기업화자금 ▶수출기업글로벌화 자금	내수기업의 수출 촉진 수출 유망기업의 수출 지원
신성장 기반자금	17,250	▶혁신성장지원자금 ▶제조현장스마트화자금 ▶Net-Zero 유망기업자금 ▶스케일업 금융	성장유망 중소기업의 시설자금 스마트공장 추진기업 지원 친환경·저탄소기업 지원 (그린경제) 회사채 발행을 통한 자금조달
재도약 지원자금	4,030	▶사업전환, 무역조정자금 ▶구조개선전용자금 ▶재창업자금	업종전환·추가 및 FTA 피해기업 부실징후기업의 선제적 지원 실패 기업인에 대한 재기지원
긴급경영안정 자금	2,589	▶재해중소기업 지원 ▶일시적 경영애로	재해 피해기업의 복구비용 지원 경영애로기업 안정적 기반조성
예산총계	49,739		

표6. 정책자금 항목 및 예산(2023년 기준)

2) 소상공인시장진흥공단

소상공인시장진흥공단은 소상공인의 성장 및 경영 안정에 필요한 자금 융자를 지원하며, 중소벤처기업진흥공단과 다르게 상시근로자 수를 10인 미만으로 그 지원대상을 제한하고 있다.

주요 정책자금은 아래와 같다.

- ▶ 소공인특화자금: 제조업 영위 10인 미만의 소공인
  운전자금 1억 원 이내(5년), 시설자금 5억 원 이내(8년)
- ▶ 성장촉진자금: 사업자등록증 기준 3년 이상 사업을 영위한 소공인
  운전자금 1억 원 이내, 시설자금 2억 원 이내(5년)
- ▶ 특별경영안정자금: 재해피해·위기지역·저신용자 소상공인
  7천만 원 이내(5년, 2년 거치)
- ▶ 일반경영안정자금: 일반 소상공인
  7천만 원 이내(5년, 2년 거치)
- ▶ 스마트자금: 혁신형 소상공인(백년가게, 백년소공인), 스마트설비도입 소공인운전자금 1억 원 이내(5년), 시설자금 5억 원 이내(8년)

3) 신용보증기금

보증대상: 개인사업자 및 법인사업자, 중소기업협동조합을 보증대상으로 하며, 업종별 제한없이 보증 취급

구분	내용
대출보증	기업이 금융회사로부터 사업 운영상 필요한 자금을 대출받는데 따른 보증 ▶일반운전자금, 시설자금, 무역금융, 구매자금융, Network loan, 각종 기술개발자금, 할인어음 등

제2금융보증	기업이 제2금융회사로부터 대출받는데 따른 보증 ▶농협협동조합, 수산업협동조합, 한국농수산식품유통공사, 중소벤처기업진흥공단, 종합금융회사, 보험회사, 중소기업창업투자회사, 상호저축은행 등
어음보증	기업이 상거래의 담보 목적 또는 대금결제수단으로 주고 받는 어음에 대하여 지급을 보증 ▶지급어음, 받을 어음 및 담보어음에 대한 보증
이행보증	기업이 건설공사, 물품납품, 용역제공 등을 위하여 입찰 참가 또는 계약 체결 등을 할 때 담보로 이용되는 보증 ▶입찰보증금, 계약보증금, 차액보증금, 지급보증금, 하자보수보증금 ▶보증상대기관: 정부, 지자체, 공공기관, 금융회사 또는 이러한 기관들과 계약을 한 원사업자, 사회기반시설에 대한 민간투자법에 의한 사업자 등 금융위원회가 정하는 자
지급보증의 보증	기업이 금융회사로부터 지급보증을 받을 때 그 보증채무의 이행으로 인한 구상에 응하여야 할 금전채무에 대한 보증 ▶신용장 개설에 대한 지급보증 등
납세보증	기업이 국세 및 지방세 납세의무와 관련하여 세무서, 지방자치단체에 세금을 분할 납부, 징수유예를 받고자 할 때 담보로 이용되는 보증
(전자)상거래 담보보증	중소기업이 (전자)상거래계약과 관련하여 부담하는 대금지급채무에 대한 보증

표7. 신용보증기금 보증상품의 종류 및 내용

4) 기술보증기금

A. 주요사업

(1) 기술보증: 담보는 부족하나 기술성, 사업성 등 미래가치가 높은 기술력을 보유한 중소기업에 보증지원
(2) 기술이전: 공공연, 대학이 보유한 공급기술과 중소기업의 수요기술을 이전하고, 기술이전 및 사업화에 필요한 금융지원
(3) 직접투자: 우수기술 보유 창업기업, 기술혁신기업에 대해 보증과 연계하여 신주인수, 전환사채 등 직접투자
(4) 기술평가: 무형의 기술을 대상으로 기술성, 시장성, 사업성 등을 평가하여 금융, 비금융 지원수단으로 활용
(5) 기술보호: 중소기업이 보유하고 있는 기술을 보호하고, 거래활성화를 일괄적으로 지원

B. 핵심대상

(1) 벤처기업: 전통적인 중소기업과 달리 고위험과 고수익성이 수반되는 벤처기업
(2) 이노비즈기업: 기술 우위를 바탕으로 경쟁력을 확보한 이노비즈기업
(3) 예비창업자 및 창업초기기업: 일자리 창출과 성장 잠재력 확충을 위한 예비창업자와 창업기업(창업 후 7년 이내 기업)
(4) R&D기업: 우수기술을 개발하여 사업화하고자 하는 기업
(5) 우수기술 보유기업: 4차산업 영위기업, 지식문화산업 등 신성장 동력 산업과 미래성장 유망 업종을 영위하는 우수기술 보유기업

5) 지역신용보증재단

종류	세부사항
정부정책 보증상품	서민대출 협약보증(햇살론)
	재해 피해기업 특례보증
	내수활성화 지원, 수출기업 지원 특례보증
특별협약에 의한 지원	금융기관 특별출연 협약보증
	희망드림론 협약보증
	신성장동력, 콘텐츠 기업 등 기타 협약보증
지자체 지원	지자체 소상공인 창업자금
	시군 중소기업 특례보증
	시군 추천 소상공인 특례보증
중소기업지원자금	운전자금
	창업 및 경쟁력 강화자금(시설투자사업, 신기술지원 사업 등)

표8. 지역신용보증재단의 주요상품의 종류 및 특징

6) IP(지적재산권)금융

IP금융규모는 2018년에서 2021년까지 누적 합계 6조 90억 원에 달한다. IP는 신용 및 보증서 대출, 정책우선도에 따른 대출과 함께 중소기업 융자조달의 중요한 영역이다.

(단위: 억 원)

구분	2019년	2020년	2021년	2022년
IP담보대출액	4,331	10,930 (13,784)	10,508 (19,315)	9,156 (21,929)
IP보증액	7,240	7,089 (27,327)	8,445 (32,147)	8,781 (36,575)
IP투자액	1,933	2,621 (7,278)	6,088 (8,628)	12,968 (19,331)
합계	13,504	20,640 (48,389)	25,041 (60,090)	30,905 (77,835)

표9. IP금융규모 현황(2019~2022년)
*'20년 ~ '22년 괄호 부분은 잔액기준 IP금융 규모

시중은행 자금을 통한 자금조달 중 IP담보 대출 취급 기관은 아래의 표와 같다.

구분	산업은행	기업은행	신한은행	우리은행	하나은행	국민은행	농협은행	부산은행
상품명	IP 담보 대출 (테크노뱅킹)	IP 사업화 자금 대출	신한 성공 두드림 IP 담보 대출	우리 CUBE 론-IP	하나 IP 담보 대출	KB 더드림 IP 담보 대출	NH지식재산권 담보 대출	IP 담보 대출
자금용도	운전 시설 자금	운전 시설 자금	운전 시설 자금	운전 시설 자금	운전 시설 자금	운전 자금	운전 자금	운전 자금

대출한도	평가 금액 및 기업 별 10억 ~200억 원	IP 가치 평가 금액 이내	최소 3억 최대 IP 가치 평가 금액내	IP 가치 평가 금액 이내	IP 가치 평가 금액 이내	최소 3억 최대 IP 가치 평가 금액 이내	최소 3억 최대 IP 가치 평가 금액 이내	IP 가치 평가 금액의 60% 이 내, 10억 원이내
대출기간	운영 (3년) 시설 (10년)	운전 (5년) 시설 (15년)	운전 (3년) 시설 (15년)	운전 (5년) 시설 (15년)	영업 내규에 따름	일시 (1년) 분할 (5년)	일시 (1년) 분할 (5년)	만기 일시 분할
대출담보	매출/ 제품 관련 IP	등록 특허	등록 특허	등록 특허	등록 특허	등록 특허	등록 특허	등록 특허

※ 대구은행: DGB IP 모아모아 담보대출(IP 가치평가금액 이내)
※ 경남은행: BNK Active IP 담보대출(3억~10억 원 이내)
※ 광주은행: 출시예정

표10. IP금융 취급은행 현황

3. 성공적인 자금조달에 도움이 되는 인증

1) 벤처기업 인증

벤처기업이란 일반적으로 첨단 신기술과 아이디어를 개발하여 사업에 도전하는 기술집약형 중소기업을 의미한다. 법적으로는 「벤처기업육성에 관한 특별조치법」 제2조의2의 요건에 해당하는 기업을 의미하며 그 요건은 아래의 표와 같다.

구분	현행	변경
벤처확인 주체	공공기관 중심 (기보, 중진공, 벤처캐피탈협회)	민간 전문가 중심 벤처기업확인위원회 (벤처확인기관으로 벤처기업협회 지정)
벤처확인 유형별 요건	1) 벤처투자유형 ① 창업투자회사, 창업투자조합 등이 5천만 원 이상 투자 ② 자본금 대비 투자금액이 10% 이상	1) 벤처투자유형 ①② 현행 유지 + 기존 12개 인정투자자 유형에서 투자유형(8개) 추가 (총 20개 유형)
	2) 연구개발유형 ① 기업부설연구소 보유 ② 연구개발비 5천만 원 이상 및 총매출액의 5~10% 이상 ③ 사업성 평가 우수	2) 연구개발유형 ①② 현행 유지 + 기업부설연구소 외, 연구전담부서, 창작연구소, 창작 전담 부서(3개) 중 1개 보유 (연구소의 범위 확대 적용)
	3) 보증대출유형(폐지) ① 보증·대출(가능)금액 8천만 원 이상 ② 총자산 대비 보증·대출 (가능)금액 5% 이상 ③ 기술성 평가 우수	3) 혁신성장유형(신설) ①② 폐지 ② 기술성 및 사업성 평가 우수
유효기간	2년	3년
수수료 (부가세 별도)	-벤처투자유형: 10만원 -연구개발유형: 30만원 -보증대출유형: 30만원	-벤처투자유형 27.5만 원 (기업부담 17.5만원, 정부보조 10만 원) -연구개발유형 : 49.5만 원 (기업부담 39.5만원, 정부보조 10만 원) -혁신성장유형 60.5만 원 (기업부담 50.5만 원, 정부보조 10만 원) 단, 이노비즈 인증 후 6개월 이내 신청 시 기업부담 34만 원. 예비벤처유형으로 확인 받은 후 1년 이내 신청 시 기업부담 23만 원으로 감면 혜택 있음(정부지원금 10만 원은 동일)

표11. 변경된 벤처기업 인증 제도

민간주도 벤처확인 제도는 2021년 2월 12일부로 기존의 제도에서 변경되었으며, 주요 개편 내용은 위와 같다. 그리고 2023년 5월 1일부로 연구개발유형, 혁신성장유형 평가기준도 변경 고시되었다. 홈페이지(www.smes.go.kr/venturein)를 통해서 신청과 접수가 가능하다.

기준요건	● 중소기업 (「중소기업기본법」 제2조) ● 적격투자기관으로부터 유치한 투자금액 합계 5천만 원 이상 ※ 투자란, 주식회사가 발행한 주식, 무담보전환사채 또는 무담보신주인수권부사채를 인수하거나, 유한회사의 출자를 인수하는 것을 말함 ● 자본금 중 투자금액의 합계가 차지하는 비율 10% 이상 ※「문화산업진흥 기본법」제2조제12호에 따른 제작자 중 법인일 경우, 7% 이상
적격투자기관	● 중소기업창업투자회사, 한국벤처투자, 벤처투자조합, 농식품투자조합*, 신기술사업금융업자, 신기술사업투자조합, 창업기획자 (엑셀러레이터)*, 개인투자조합, 전문개인투자자(전문엔젤), 크라우드펀딩*, 한국산업은행, 중소기업은행, 일반은행, 기술보증기금*, 신용보증기금*, 신기술창업전문회사*, 공공연구기관첨단기술지주회사*, 산학협력기술지주회사*, 기관전용 사모집합투자기구, 외국투자회사 ※ *표시 기관은 법 시행일('21.2.12)이후 투자유치 건(입금일 기준)에 한하여 인정

표12. 벤처투자 유형 평가요소

대분류	중분류	평가지표	지표유형	신규		재확인
				3년 미만	3년 이상	
사업 성장성	사업화기반	고용상승률	정량	-	10	10
		목표시장 설정의 적절성	정성	20	20	10
	사업화활동	기업가정신 기반의 사업 계획의 적절성	정성	50	40	30
		협업 실적	정량	10	10	10
	사업화성과	자금운용 계획의 타당성	정성	20	20	20
		사업성과	정량	-	-	20

대분류	중분류	평가지표	지표유형	신규 3년 미만	신규 3년 이상	재확인
기술 혁신성	기술개발 기반	연구조직 및 기술인력의 전문성	정량	30	20	20
		연구개발비 투자현황	정량	-	20	10
	기술개발 활동	기술 개발 계획의 적절성	정성	30	20	10
		R&D 실적	정량	10	10	20
	기술개발 성과	기술의 차별성	정성	20	20	30
		지식재산권 보유현황	정량	10	10	10
사업 성장성	사업화 기반	고용상승률	정량	-	10	10
		목표시장 설정의 적절성	정성	20	20	10
	사업화 활동	기업가정신 기반의 사업 계획의 적절성	정성	50	40	30
		협업 실적	정량	10	10	10
	사업화 성과	자금운용 계획의 타당성	정성	20	20	20
		사업성과	정량	-	-	20

표13. 연구개발 유형

2) ISO·벤처기업·기업부설연구소 인증

구분	ISO	벤처기업	기업부설연구소 (연구개발전담부서)
신청자격	업력, 업종 상관없음	창업초기(3년이내) 혜택 많음	일부 업종을 제외한 서비스 및 제조, 기타 업종 가능
대상	전 업종 대상이며, 기업의 조직 문화에 대한 경영시스템 구축과 함께 인증획득 (품질, 환경, 안전보건 등)	첨단 신기술과 아이디어를 개발하여 사업에 도전하는 기술 집약형 중소기업	제조업, 공사업, 전문디자인, 의료업, 정보통신업 등 전반적인 기술개발활동 또는 연구인력이 충족한 기업
제외대상	제외대상 없음	숙박요식업, 부동산임대업, 오락문화업, 기타서비스업	제외대상 없음
평가기관	국내 및 해외 인증기관	기술보증기금, 중소기업진흥공단, 한국벤처캐피탈협회 외 7개 기관	산업기술진흥협회
요건	ISO 규격 요구사항에 적합한 매뉴얼절차서 구축 및 외부 3자 인증심사·심의 합격	투자형벤처기업 연구개발형벤처기업 혁신성장벤처기업 예비 벤처기업	1. 인적요건 기업부설연구소(2명 이상) 연구전담부서(1명 이상) 2. 물적요건 독립공간 혹은 파티션 가능
혜택	조달청 및 지방자치단체 입찰 평가 시 우대 고객에게 당사 제품·서비스에 대한 신뢰성 확보 벤처·이노비즈 평가 시 우대 공기관 및 대기업 협력사 등록시 우대 ESG 경영평가 지표 활용 (14001·45001·37001)	창업벤처중소기업 (업력 3년 이내)이 경우 1. 50% 감면 -법인·소득세: 소득발생 4년간 -사업용 재산세: 5년간 2. 75% 감면 -취득·등록면허세 4년 이내 3. 특허 우선심사 4. TV, 라디오광고 지원 (광고비 70% 감면) 5. 전기요금 할인 6. 벤처투자 소득공제	연구 및 인력개발비의 25% 세액공제 (소득세·법인세) 기술이전, 취득 및 대여에 대한 과세특례 (소득분에 50%·취득대여 금액의 7% 공제) 학술연구용 관세감면 (80%) 기업부설연구소용 부동산 지방세(75% 감면)

표14. ISO·벤처기업·기업부설연구소 인증 비교

3) 이노비즈·메인비즈 인증

다음은 이노비즈 인증과 메인비즈 인증을 비교한 표이다. 기업에 대한 융자 외에도 다양한 혜택이 있으므로 잘 준비할 필요가 있다.

구분	이노비즈(기술혁신)	메인비즈(경영혁신)
신청자격	업력 3년 이상 중소기업	업력 3년 이상 중소기업
대상	제조, IT등 기술력(특허, 실용신안, 프로그램등록, 신기술, 신제품 등)을 보유한 기업. ISO, 연구소 등 필수(평가항목)	서비스, 컨설팅, 건설, 프렌차이즈 등 기술보다는 경영능력을 중요하게 여기는 기업
제외대상	숙박요식업, 부동산임대업, 오락문화업, 기타서비스업	사행성, 불건전 소비업종
평가기관	기술보증기금	신용보증기금, 기술보증기금, 한국생산성본부
요건	신청조건: 자가진단 650점 이상 기술혁신시스템: 700점 이상 개별기술평가: B등급 이상	신청조건: 자가진단 600점 이상 경영혁신시스템: 700점 이상 개별 생산성경영 시스템평가: PMS 3등급 이상
혜택	시중은행(15개):시설 및 운영자금 금리 우대 기보: 보증료 감면 0.2%, 100% 전액 및 특례보증, 보증한도확대 (일반)30억 원->(이노비즈)50억 원 특허·실용신안 출원 시 우선 심사 조달청 물품구매 적격심사 가점 중소기업 기술개발제품 우선구매 TV, 라디오 광고지원(광고비 70% 감면, DMB 200% 보너스) 수도권 내 부동산 중과세 면제	신보: 보증료 감면 0.1%, 85% 보증 서울보증보험 신용관리컨설팅 무료 NH: 대출금리 최대 1.8% 우대, IBK: 평가수수료 지원, 보증료 0.5%만 부담 TV, 라디오 광고 지원 (광고비 70% 감면), DMB 200% 보너스, 방송광고제작비 50% 지원

표15. 이노비즈, 메인비즈 인증 비교

4. 알아두면 좋은 정책자금 주요기관 정보

정부지원사업은 필요한 사람이 직접 찾아서 활용하지 않으면 자신의 것으로 만들기 어렵고, 다른 회사의 사례로 접할 수밖에 없다. 정부기관의 자금지원 정책 내용은 계속해서 변경되기 때문에 정해진 기간 내에 접수를 하려면 인터넷 홈페이지를 통해 정보 접근성을 높여서 자금정책 내용 및 신청 기일 등 자세한 정보를 파악해야 한다. 아래의 홈페이지 리스트를 컴퓨터에 즐겨찾기로 저장하여 주기적으로 확인하면 정책자금 활용에 많은 도움이 될 것이다.

순번	기관명(정책명)	홈페이지 주소	비고
1	중소벤처기업부	www.mss.go.kr	
2	중소벤처기업진흥공단	www.kosmes.or.kr	정책자금 신청
3	소상공인시장진흥공단	ols.sbiz.or.kr	정책자금 신청
4	기업마당	www.bizinfo.go.kr	기업정책포털
5	신용보증기금	www.kodit.co.kr	
6	기술보증기금	www.kibo.or.kr	
7	신용보증재단중앙회	www.koreg.or.kr	
8	범부처통합연구지원시스템	www.iris.go.kr	
9	중소기업기술정보진흥원	www.tipa.or.kr	
10	중소기업 기술개발사업 종합관리시스템	www.smtech.go.kr	
11	연구기반공유시스템	rss.auri.go.kr	
12	스마트서비스사업관리시스템	www.smb-service.kr	

13	국가뿌리산업진흥센터	www.kpic.re.kr	
14	뿌리기업확인서 바로가기	apply.kpic.re.kr	
15	테크브릿지 플랫폼	tb.kibo.or.kr	
16	국가과학기술지식정보서비스	www.ntis.go.kr	
17	e나라도움	www.gosims.go.kr	
18	사업관리시스템	www.smart-factory.kr	스마트공장
19	한국로봇산업진흥원	www.kiria.org	
20	KAMP	www.kamp-ai.kr	AI 제조혁신
21	중소기업 기술보호 울타리	www.ultari.go.kr	
22	한국산업기술보호협회	www.kaits.or.kr	
23	대·중소기업·농어업협력재단 기술자료 임치센터	www.kescrow.or.kr	
24	기술보증기금 테크세이프	ts.kibo.or.kr	
25	중소기업인력지원 종합관리시스템	www.smes.go.kr/sanhakin	
26	내일채움공제	www.sbcplan.or.kr	
27	중소기업 기술개발사업 종합관리시스템	www.smtech.go.kr	
28	중소기업 복지플랫폼	welfare.korcham.net	
29	공공구매종합정보망	www.smpp.go.kr	
30	판판대로	www.fanfandaero.kr	판로지원 종합포털
31	수출바우처	www.exportvoucher.com	
32	중소기업해외전시포탈	www.smes.go.kr·sme-expo	
33	고비즈코리아	kr.gobizkorea.com	전자상거래수출지원
34	해외규격인증획득지원센터	www.smes.go.kr·globalcerti	
35	대·중소기업·농어업협력재단	www.win-win.or.kr	

36	여성기업종합정보포털	www.wbiz.or.kr	
37	여성기업제품공공구매	shopping.wbiz.or.kr	
38	여성기업일자리허브	www.iljarihub.or.kr	
39	장애인기업종합지원센터	www.debc.or.kr	
40	장애인창업교육지원시스템	start.debc.or.kr	
41	장애인기업종합지원센터 판로지원시스템	biz.debc.or.kr	
42	드림365	www.dream365.or.kr	
43	혁신바우처 플랫폼	www.mssmiv.com	
44	지역산업종합정보시스템	www.rips.or.kr	
45	규제자유특구	rfz.go.kr	
46	중소벤처24_협업정보시스템	www.smes.go.kr/cobiz	
47	K-Startup	www.k-startup.go.kr	
48	청년창업사관학교	start.kosmes.or.kr	
49	K스타트업 그랜드 챌린지	www.k-startupgc.org	
50	팁스	www.jointips.or.kr	
51	K-유니콘 프로젝트	www.k-unicorn.or.kr	
52	창업에듀	www.k-startup.go.kr/edu/	
53	온라인법인설립시스템	www.startbiz.go.kr	
54	창업보육센터 네트워크시스템	www.bi.go.kr	
55	창조경제혁신센터	ccei.creativekorea.or.kr	
56	판교창업존	pangyozone.or.kr	
57	구조혁신지원	3t.kosmes.or.kr	사업, 노동, 디지털 전환
58	상권정보시스템	sg.sbiz.or.kr	소상공인
59	소상공인 지식배움터	edu.sbiz.or.kr	

60	신사업창업사관학교	www.sbiz.or.kr/nbs/main.do	
61	소상공인 협업 활성화사업	www.sbiz.or.kr/cop/main/copMain.do	
62	소공인 불공정거래 피해상담센터	www.sbiz.or.kr/unfair/main.do	
63	소공인간편결제시스템	www.zeropay.or.kr	
64	백년소공인육성사업	www.sbiz.or.kr/hdst	
65	소공인스마트상점기술보급	www.sbiz.or.kr/smst/index.do	
66	소상공인희망리턴패키지	www.sbiz.or.kr/nhrp/main.do	
67	소상공인공제	www.8899.or.kr	노란우산공제
68	소상공인 고용보험료 지원	www.sbiz.or.kr/eip/main/main.do	
69	전통시장 화재공제	fma.semas.or.kr	
70	중소기업 옴부즈만	www.osmb.go.kr	규제애로 개선·해결
71	원스톱기업애로종합지원	www.smes.go.kr/bizlink	
72	중소기업 위·수탁거래 종합포털	www.smes.go.kr/poll	대·중소기업 동반성장 지원
73	성과공유제 종합관리시스템	www.benis.or.kr	
74	중소기업·근로자간 성과공유제	www.smes.go.kr/sanhakin	
75	협력이익공유제 종합정보시스템	www.winplus.or.kr	
76	상생누리플랫폼	www.winwinnuri.or.kr	
77	상생결제제도	www.winwinpay.or.kr	
78	K-비대면 바우처 플랫폼	www.k-voucher.kr	중소기업 원격근무 활성화 지원
79	벤처기업확인종합관리시스템	www.smes.go.kr/venturein	
80	이노비즈넷	www.innobiz.net	기술혁신형 중소기업인증

81	메인비즈넷	www.mainbiz.go.kr	경영혁신형 중소기업인증
82	명문장수기업	www.kbiz.or.kr/ko/nobleGeneral	
83	경영혁신마일리지넷	www.mileage.or.kr	
84	중소기업 현황정보시스템	sminfo.mss.go.kr	중소기업확인서 발급
85	한국산업기술진흥협회	www.koita.or.kr	
86	기업부설연구소·전담부서 신고관리시스템	www.rnd.or.kr	

표16. 정책자금 주요기관 홈페이지 안내

04

정부 R&D 지원사업

1. 중소기업, 왜 R&D를 수행해야 하는가?

많은 스타트업들이 창업에 실패한다. 창업 실패의 원인으로는 다양한 외부적 요인과 내부적 요인이 있겠지만, 그중 가장 큰 원인으로 자금조달 실패를 거론하지 않을 수 없다. 미국 벤처캐피탈 전문 조사 기관인 CB insights는 2014년에 실패한 스타트업 101개 사를 대상으로 설문조사를 실시해 스타트업 실패 원인 20가지를 가려 냈다.

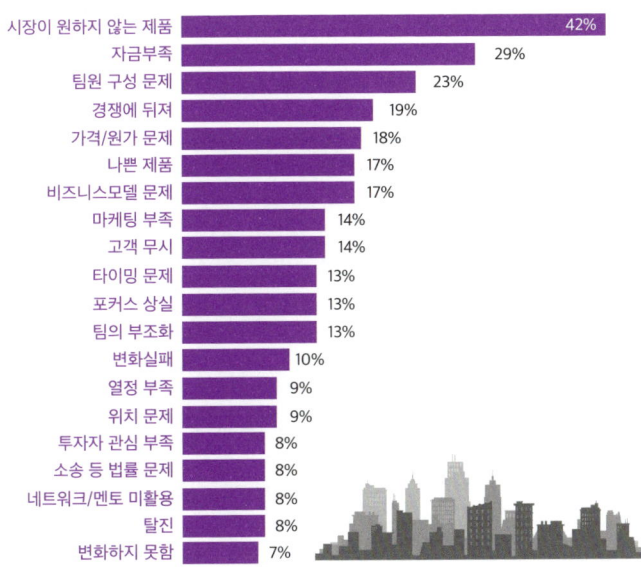

그림3. 스타트업이 실패하는 이유

　실패의 가장 큰 원인으로는 시장이 원하지 않는 제품이었으며, 두 번째가 자금 부족이었다. 스타트업뿐만 아니라 업력이 7년 이상 지난 중소기업에게도 자금조달 전략은 기업의 핵심 운영 요소가 된다. 적절한 부채의 사용, 유보이익의 재투자, 유동성 있는 현금 흐름 등 기업이 지속가능한 성장을 하기 위해서는 기업의 성장 주기에 맞는 자금조달 전략이 반드시 필요하다.

　한편, 기업이 자금조달을 하기 위해서 가장 가까이해야 할 대상은 다름 아닌 정부 각 산하의 자금조달기관이다. 정부의 중소기업에 대한 자금 공급은 크게 세 가지로 구분할 수 있다. 첫째는 융자, 둘째는 보조금, 셋째는 R&D 출연금이다. 융자는 말그대로 기업이

상환해야 할 자금이며, 보조금은 기업 운영을 도와주기 위한 부가적인 자금이라 할 수 있다. 마지막 R&D 출연금은 정부 과제에 선정되면 주어지는 자금으로 기업의 기술개발에 필요한 자금을 무상으로 지원해 주는 자금이다.

위에 소개한 지원제도를 적절하게 활용해야겠지만 기술개발 능력이 있는 기업에게는 R&D 정부 과제 선정을 통한 출연금 조달을 꼭 권하고 싶다. R&D 정부과제 선정은 무상환 자금조달과 출연금을 통한 기술개발은 물론 인건비 계상까지 가능하다. 또한 R&D 정부과제에 선정된다는 것은 기술성과 사업성을 인정받은 훈장과 같은 것으로 투자유치, 수출, 사업화 등 기업이 성장하는데 핵심적인 레퍼런스가 될 수 있다.

구분	총계	정부출연금 1억원당 성과	일반 중소기업 등과의 비교
고용	137,596명	12.9명 (과제당)	• 지원기업 1억원당 고용성과 : 고용유발계수*의 9.1배 ※10억원당 7.4명(한국은행)
매출	15조원	11.3억원	• 과제 종료 후 한 해에 매출 100억원 이상 발생 기업 : 55개사, 매출액 합계는 1.21조원
수출	30.1억달러 (3.6조원)	7.5억원	• 지원기업 매출액 대비 수출액 비중(23.6%) :중소제조업 평균(7.5%)의 3.2배
특허	20,940건	3.8건(과제당)	• 중기부 R&D 등록특허(국내)가 전체 특허의 7.9% 차지 :정부 전체 R&D 대비 중기부 R&D 비중이 지속 증가

'16년~'20년까지 주요 5개 사업 분석(2021년 중소기업 R&D 성과조사 결과)

표17. 2021년 중소기업 R&D 성과조사결과

실제로 2021년 중소기업 R&D 성과조사 발표에 따르면 R&D 지원을 통해 일자리 창출, 매출 및 수출 성장, 기술적 진보 등의 성과가 실현되었음을 확인할 수 있다.

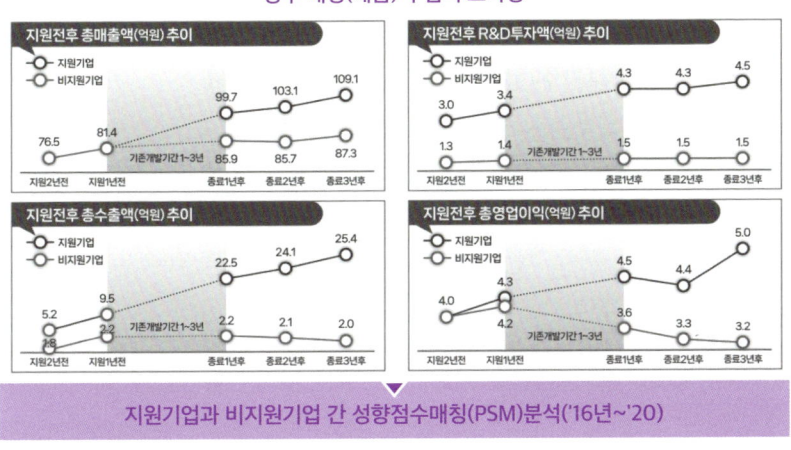

그림4. 지원기업과 비지원기업 간 성향점수매칭(PSM)분석

한편, R&D 자금은 아니지만 이와 유사하게 과제 선정을 통한 지원사업들이 있다. 예비창업 패키지, 초기창업 패키지, 창업도약 패키지 등인데 주로 창업진흥원을 통해 접수 및 선정이 가능하다.

세수가 늘어나고 국가가 성장하면서 그에 따른 중소기업 지원정책도 다양해졌다. 이전에는 보통 지인이나 금융권을 통해 자금조달이 이루어졌다면 이제는 정부기관을 통한 자금조달이 가장 큰 비중을 차지한다. 이는 낮은 이자 및 무상환 자금조달이 가능하기 때문이며, 특히 R&D 과제 선정을 통한 자금조달은 기업의 기술개발을 가능하게 하여 기업을 한 단계 성장시킬 수 있다. 각 정부 부처마다 기업의 성장 주기에 맞는 다양한 R&D 과제가 있으니 우리 기업도 꼭 도전해 보기를 권한다.

2. 기업 성장의 핵심 레퍼런스, 정부 R&D 지원사업

정부의 R&D 지원은 크게 자금지원, 인력지원, 기술지원으로 나눌 수 있다. 본 장에서는 R&D 지원 중 자금지원 위주로 설명하기로 한다.

정부 R&D 지원금은 자금조달의 요건으로 볼 때, 융자나 투자 금유치에 비해 공평하다. 그러나 혹자는 정부 R&D 지원금을 받기 위해서는 재무제표도 좋아야 하고, 연구소도 반드시 있어야 하며, 매출도 높아야 하는 것 아니냐는 반문을 한다. 여기에 덧붙여 '우리 기업'이 R&D 과제에 선정될 만한 기업인가를 묻기도 한다.

이는 반은 맞고 반은 틀리다. 재무제표도 좋고, 연구소도 있고, 매출도 많다면 일단 과제 선정에는 유리하다. 그러나 필수 조건은 아니다. 정부에서는 기업의 성장 주기에 맞게 R&D 과제를 분류하고 있기 때문이다. 중기부에서 제시한 2022년 중소기업 기술지원 현황을 살펴보자.

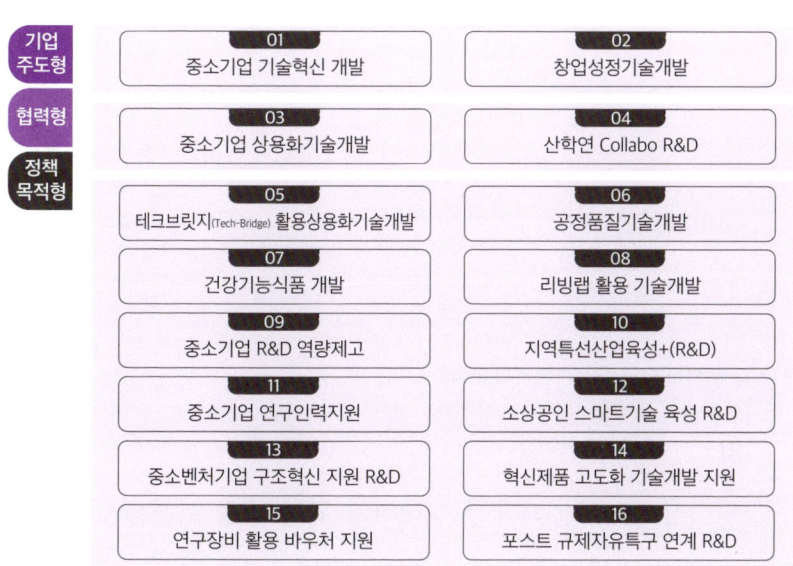

표18. 중소벤처기업부 R&D 과제 분류

　위 그림을 보면 크게는 기업 주도형, 협력형, 정책 목적형으로 구분되어 있다. 기업 주도형에 속하는 중소기업 기술혁신개발사업과 창업성장기술개발 사업의 세부 내역사업을 살펴보면 아래 그림과 같이 세부적으로 구분되어 있음을 확인할 수 있다.

세부사업명	내역사업명	지원규모	개발기간
중소기업 기술혁신개발	수출지향형	132	4년
	시작확대형	787	2년
	시장대응형	528	2년
	강소기업100	85	4년
	소부장전략	118	2년

			96	2년
	소부장일반		96	2년
	디딤돌		810	1년
창업성장기술개발	전략형	일반	366	2년
		소부장	49	2년
		기후기금	118	2년
	TIPS		738	2년

표19. 중소벤처기업부 R&D 과제 세부 분류

창업성장기술개발 과제를 수행하기 위한 기업 조건은 창업 7년 이내, 매출액 20억 미만이어야 한다. 창업 7년이 넘어가거나 매출액 20억이 넘어가면 지원 자체가 불가하다. 이는 기업 성장 주기에서 창업기에 해당하는 기업들끼리만 경쟁하면 된다는 것을 의미한다. 창업 7년 이내 기업들은 대부분 연구인력이 부족할 것이고, 매출도 많지 않을 것이다. 정량화된 지표(지적재산권, 인증 등) 역시 준비가 되어있지 않은 것은 물론이다. 비슷한 조건의 기업들끼리 제품개발을 위한 R&D 역량을 평가받는다면 재무제표나 매출 여부가 선정에 그리 크게 영향을 미치지는 않을 것이다.

한편, 중소기업의 기술혁신개발 사업 역시 여러 세부항목으로 분류되어 있다. 소부장 일반, 소부장 전략은 소재·부품·장비 기업들이 지원할 수 있는 과제로, 상대적으로 열악한 환경에 처해 있는 소부장 기업을 지원하겠다는 정부의 의도가 읽혀 지는 부분이다. '시장대응형, 시장확대형, 수출지향형'의 경우 시장확대형을 수행하면 시장대응형을 수행하지 못하게 되어 있다. 상향식은 가능하나 하향식은 불가능한 구조로 아래서부터 단계를 밟아서 지원금액이 더 많은 과제를 이후에 수행하게 한 구조다. 또한 기업주도형 과제의 경우 2021년 이후로 4번 이상 수행이 불가하며 동시 수행도 불가하게 되어 있다. 이러한 것들을 살펴봤을 때 정부 R&D 지원은 기업의 입장에서 어떤 자금조달보다도 공평함을 확인할 수 있다. 그러니 조건을 너무 어려워하지 말고 R&D에 대한 확고한 의지를 가지고 중소기업들은 도전하기를 바란다.

3. 정부 R&D 지원사업 전략 포인트

앞서 설명한데로 R&D 지원사업이 모두에게 공평하다는 의미는 어떤 기업이든 R&D에 선정될 수 있음을 뜻하는 것은 아니다. 누구나 도전할 수는 있지만 선정을 위해서는 상대평가라는 과정을 거쳐 높은 점수를 받아야 한다. 평가 기준표를 보면서 선정되기 위한 전략을 짜보도록 하자.

구분	평가지표	평가요소	평점				
			탁월	우수	보통	미흡	불량
기술성 (40)	창의도전성 (15)	기술개발 내용 및 목표의 도전성	15	12	9	6	3
	기술개발 방법구체성 (150)	· 기술개발 목표 및 개발방법, 개발기간의 적성성	15	12	9	6	3
	기술보호 역량 및 지식재산권 확보방안(10)	· 기술유출방지, 기술보호 계획 및 지식재산권 확보 · 회피 방안 적정성	10	8	6	4	2
사업성 (40)	사업화 계획의 실현가 능성(20)	· 제품화 및 양산, 판로개척계획의 구체성 · 사업화를 위한 후속투자계획의 충실성 · 기업성장성 및 재무안정성 등 사업화역량	20	16	12	8	4
기술개발역량 (20)		· 기업의 과제수행 역량 (과제책임자, 참여연구원의 R&D 수행 경험 및 수행역량 등)	15	12	9	6	3
		· 연구윤리 (사업비 부정사용 이력, 연구부정에 따른 참여제한 이력 등)	5	4	3	2	1
파급효과(15)		· R&D의 경제적 파급 효과	10	8	6	4	2
		· R&D의 기술적 파급 효과	5	4	3	2	1
자금집행계획(5)		· 자금집행계획의 적정성	5	4	3	2	1
합 계			점				
평가 의견	☐ 기술성 및 기술개발 역량 : ☐ 사업성 : ☐ 기타 :						

표20. 중소기업 기술개발사업 대면평가표(공통 예시)

표20은 중소기업 기술개발사업 대면평가표의 공통 예시표이다. 기술성 40점, 사업성 20점, 기술개발 역량 20점 등으로 구성되어 있다.

1) 기술성

기술성 분야 점수를 살펴보면 창의·도전성과 기술개발 방법 구체성이 15점으로 높은 비중을 차지한다. 창의·도전성은 기술개발의 독창성과 차별성과 연관되는 부분이고 기술개발 방법 구체성은 실제 기술개발이 이루어질 수 있는 가능성에 대한 부분이다. 우리 기업이 가지고 있는 아이템의 독창성이나 혁신성이 미흡하다 하더라도 기술개발 방법의 구체성에서 좋은 점수를 받는다면 기술성에서 높은 점수를 받을 수 있음을 확인할 수 있다. 이를 위해서는 연구개발 사업계획서에 기술개발의 목표, 단계, 추진체계 등을 명확하게 기술해야 한다.

2) 사업성

다음으로 사업성 항목은 20점 배점이다. R&D 연구개발 배점에서 가장 높은 배점을 차지하는 항목인데, 기업의 성장성 및 재무 안정성과 관련한 평가임을 확인할 수 있다. 이 부분의 경우 기업의 기본 요건에 해당되기 때문에 당장 연구개발 사업계획서를 통해 보완하는 것이 불가하지만 판로개척 계획의 구체성이라든지 후속 투자 계획의 충실성 등은 본 연구개발 사업계획서를 통해 구체적이면서도 충분히 매력적으로 제시할 수 있을 것으로 보인다.

3) 기술개발 역량

다음은 기술개발 역량의 평가지표이다. 기업의 과제수행 역량에 있어 과제책임자와 참여연구원의 R&D 수행 역량을 평가하는 항목이다. 이 부분에서 두 가지 중요 포인트를 확인할 수 있다. 첫 번째는 과제책임자의 학력, 경력 등이다. 중기부 과제의 경우 과제책임자의 자격증, 학력, 경력 등을 필수적으로 입력하게 되어 있다. 따라서 기업 내에서 가장 역량이 뛰어난 임직원을 과제 책임자로 정할 필요가 있다. 또한 과제책임자는 대면 평가 시 발표를 할 가능성이 높다. 실제 발표 현장에서 평가위원의 질문 혹은 의구심에 얼마나 능동적으로 대처하느냐가 좋은 점수를 획득하는 데 중요한 관건이 된다. 발표 능력의 경우 갑자기 향상되는 것은 아니므로 발표 능력을 갖춘 임직원을 과제 책임자로 해야 함을 명심하자.

4) 정량적 지표

마지막으로 R&D 지원 기업들은 외부로 보여줄 수 있는 좋은 정량적 지표를 만들어야 한다. 특히, 지적재산권의 확보는 매우 중요하다. 특허에 대한 가치평가를 받는 것은 아니지만 특허의 보유 여부, 특허와 기술개발과제와의 연관성 등은 위 평가표에서 본다면 기업의 과제수행 역량과 직결된다고 볼 수 있다.

간혹 제품이 실제 없는데도 특허 출원이 가능하냐는 질문을 받는다. 특허의 출원과 등록에 있어 중요한 점은 아이디어의 구체화이다. 따라서 특허를 활용한 실제 제품이 반드시 있어야 하는 것은 아니다. 이러한 점을 알고 있다면 R&D 지원 시에 관련 특허를 미리 출원하거나 등록하는 것도 선정 가능성을 높이는 방법 중 하나라고 할 수 있다.

또한 각종 인증을 획득하는 것도 매우 중요하다. 기업부설연구소 설립 시 연구전담요원의 인적요건을 채우기 어렵다면 연구전담부서라도 설립하기를 권한다. 연구소의 유무가 직접적인 점수(가점)로 연결되는 것은 아니지만 연구소의 유무를 통해 기업의 과제 수행 역량을 확인할 수 있다. 또한 벤처기업 확인이나 이노비즈 인증, 메인비즈 인증 등도 최대한 빠른 시간 안에 획득하는 것을 권장한다. 특히나 벤처기업 확인, 이노비즈 인증, 메인비즈 인증 등은 중기부 R&D 과제 지원 시에 각 1점의 가점사항을 주는 인증이다. 1~2점으로 당락이 결정되는 경우가 허다하기 때문에 가점 획득을 한다면 R&D 정부지원 선정 가능성을 충분히 높일 수 있다.

중소기업은 정부지원을 받지 않고는 살아나기 힘들다. 기술력 기반의 중소 제조기업은 자금조달 면에서 특히나 더 그렇다. 정부도 이를 모른 체하지 않고 기업 성장 주기와 산업 구조, 또는 업종에 맞게 다양한 정부지원사업을 펼치고 있는 것이다. 중소기업이 자금을 조달하는 방식 즉, 기금이나 금융권을 통해 융자를 조달하는 방법, VC 등을 통해 투자를 유치하는 방법 그리고 R&D 자금을 조달하는 방법 등은 사실상 각각 별개의 것이 아니라는 점을 강조

하고 싶다. 기술력이 담보가 되어 있다면 저금리로 많은 자금을 차입할 수 있을 것이고, 기술력이 있다는 것을 평가받기 위해서는 정부 R&D 과제에 선정되어야 할 것이다. 또한 정부 R&D 과제에 선정이 된 기업에는 자연스럽게 투자자금이 조달될 것이다.

이렇듯 정부 R&D 과제 지원은 특별한 중소기업이 지원하는 것이 아니다. 관심을 가지고 지원 전략을 수립한다면 어떤 기업이든 가능하다.

지금 시작해도 늦지 않았다. 기술개발 인력 여부, 연구소나 전담부서 설립 여부, 가점이 있는 인증 획득 여부, 아이템의 구상과 구체화, 사업계획서 작성 준비 등을 점검해서 우리 기업도 정부 R&D 지원사업에 도전해 보자. 기업 성장의 디딤돌이 되리라고 확신한다.

05
투자기관별 특성 비교

　공공기관이나 금융기관을 통해 대출을 받을 때는 충분한 담보가 없는 경우 대출이 어렵거나, 대출을 받더라도 이자나 원금을 제때에 상환하지 못하면 기업이 파산의 위험에 놓이게 된다. 또한, 연대보증으로 인한 자금조달의 경우 창업자 개인의 자산이 가압류되거나 개인 신용등급이 떨어지는 경우도 발생할 수 있다. 따라서 대출을 통한 자금조달은 리스크를 충분히 고려하여 진행해야 한다. 또한 R&D 지원금의 경우 창업 시기나 기업의 특성, 매출액 등의 조건에 부합하지 않으면 지원받기가 어렵다는 단점이 있다.
　이러한 한계점을 극복하고자 정부는 다양한 정책 펀드를 출자하고, 민간 LP들로부터 모태펀드를 결성하여 투자기관을 모집한다.

또한, 정부를 통한 정책자금 조달 외에도 민간 펀드를 조성하여 직접투자를 진행하는 투자기관들이 있는데, 이러한 투자를 받기 위해서는 투자기관의 종류별 특성을 이해하고, 상황과 목적에 맞는 투자처를 찾아야 한다.

이번 장에서는 창업 기업에 직접투자하는 기관들에 대해 알아보고자 한다. 투자기관들을 분류하는 대표적인 방법은 투자 규모에 따른 투자 목적별로 나누어지는데 엔젤, 벤처캐피탈(이하 VC), 일반 금융권, 공공기관 직접투자, 일반 법인 등이 있다.

1. 엔젤

엔젤은 사전적 의미로 '창업 또는 창업 초기단계의 기업에게 필요한 자금을 투자 형태로 제공하고, 경영에 대한 자문을 해주어 기업의 가치를 높인 후 일정한 방법으로 투자 이익을 회수하는 개인 투자자'를 말한다. 즉, 엔젤은 자금을 지원하는 것뿐만 아니라, 경영 전반에 대한 자문과 네트워크를 연결시켜주는 역할을 하면서 기업의 가치를 높이기 위한 다양한 활동을 한다.

엔젤은 개인 자격으로 투자를 하는 방식인 개인 엔젤, 최근 3년 이내 1억 원 이상 엔젤 투자 실적을 보유하거나 관련 교육 이수 등의 적정한 요건 충족을 필요로 하는 전문개인투자자(전문 엔젤)가 있다. 엔젤투자자를 만나기 위해서는 지역 또는 기관들이 주관하는 네트워킹 이벤트 또는 아이디어 피치 콘테스트에 참석하는 방법이 있다. 또한 엔젤투자자 네트워크를 활용하는 방법이 있는데, 엔젤투자협회나 엔젤투자지원센터, 벤처포럼 등이 있다.

그리고 다수의 일반 개인이 온라인 플랫폼을 통해서 투자를 하는 방식인 투자형 크라우드 펀딩이 있는데, 국내의 대표적인 플랫폼으로는 와디즈(Wadiz)와 오픈트레이드가 있다. 크라우드 펀딩의 방식은 크게 4가지로, 대출형, 투자형, 후원형, 기부형이 있는데, 국내에서는 주로 투자형을 많이 이용하는 편이다. 소셜네트워크 서비스를 통해서 제품이나 서비스에 투자할 사람들에게 홍보하고, 투자한 사람들에게는 투자에 따른 지분을 제공하거나, 제품 및 서비스 선공개 및 무료 체험, 사은품 등의 혜택을 제공한다. 크라우드 펀딩에 투자하는 일반 개인은 혁신 수용자층인 얼리어답터 유형이 많으며, 신제품을 구매하는데 기꺼이 투자하는 편이다. 따라서 스타트업 입장에서는 제품이나 서비스를 주류 시장에 선보이기 전에 베타 버전을 출시하여 얼리어답터들에게 피드백을 받고 개선을 하는 단계로 활용하기도 한다.

엔젤투자자 5명 이상의 투자를 위해 만든 네트워크가 있는데, 엔젤클럽(엔젤 네트워크)이라고 한다. 고벤처 엔젤클럽, AI 엔젤클럽이 대표적이다. 그리고 개인(엔젤)투자조합은 중소벤처기업부에 등록된 벤처기업과 창업자에 투자할 목적으로 개인이나 조합이 출자하여 결성하는 조합을 말한다. 특히, 개인투자조합에 투자하는 개인 투자자의 경우는 투자 성과에 따른 조합원의 기대 수익과 종합

소득세 소득공제 혜택을 받을 수 있다. 결성금액과 결성 조합수가 증가 추세인데, 2023년 2월 기준 약 3,000여개의 개인투자조합이 활동하고 있고, 엔젤투자지원센터 내 개인투자조합에서 리스트를 확인할 수 있다.

2. 벤처캐피탈(VC)

벤처캐피탈은 스타트업에게 지분을 투자하는 대표적인 투자 유형이다. 종류로는 창업기획자·액셀러레이터(이하 AC), 산학연협력기술지주회사(이하 기술지주회사), 중소기업창업투자회사(이하 창투사), 신기술사업금융전문회사(이하 신기사), 유한(책임)회사(이하 LLC)가 있다.

먼저, 창업기획자·액셀러레이터(이하 AC)는 3년 이내의 초기 스타트업에 재무적 또는 비재무적 지원을 진행하는 투자자로서, 대표적인 투자자로는 퓨처플레이, 프라이머, 카카오벤처스가 있다. 중소벤처기업부에 따르면 팁스(TIPS, 2013년부터 중기부에서 운영하는 '민간 투자 주도형 기술 창업 지원' 프로그램)의 2023년 예산은 3,782억 원으로 모태펀드 예산 3,135억 원을 추월했고, 팁스 지원기업 수도 평년의 두 배 이상으로 증가하고 있다는 점으로 봤을 때, 적은 예산으로 많은 스타트업에게 지원 기회를 늘리는 방향으로 투자 시장이 변화하는 것을 알 수 있다. 특히, 최근 경색된 투자자금 시장에서 AC의 역할이 더욱 강조되고 있는 이유는 투자 실적 안정성이 높기 때문이다.

AC는 중대형 투자기관들에 비해 창업 단계부터 발굴하여 적은 투자금액으로도 상당량의 지분을 확보할 수 있고, 팁스와 같은 스타트업 후원 프로그램을 통해 스타트업을 체계적으로 육성시켜 다음 라운드로 진출시키면 높은 가치를 기대할 수 있다. 초기 스타트업이라면 아래의 대표적인 AC와 팁스를 운영하고 있는 AC를 눈여겨볼 필요가 있다. 또한 창업 시기와 팁스 운영사로부터의 투자 및 추천 여부 등 관련 지원 자격을 확인해야 한다.

구분	설립년월	누적 투자 집행금액
프라이머(Primer) · TIPS운영사	2010	106억+
퓨처플레이(Future Play) · TIPS운영사	2013	534억+
블루포인트파트너스 · TIPS운영사	2014	220억+
카카오벤처스 · TIPS운영사	2018	2,594억+
선보엔젤파트너스 · TIPS운영사	2016	131억+
스파크랩 · TIPS운영사	2012	107억+
빅뱅 엔젤스 · TIPS운영사	2012	94억+
매쉬업엔젤스 · TIPS운영사	2017	45억+
네오플라이	2008	109억+
어썸벤처스(Awesome Ventures)	2017	3억+
에이치글로벌파트너스(드림플러스)	2019	11억+

표21. 국내 대표적인 액셀러레이터

종류	내용
Pre TIPS	**(지원내용)** 엔젤투자를 유치한 초기 창업기업 대상 사업 아이템 구체화를 위한 사업화 자금을 1년간 최대 1억 원 지원 **(지원자격)** 투자자(팁스 운영사, 액셀러레이터, 개인투자조합)로부터 1천만 원 이상 투자를 유치(사업공고일 기준 1년 이내)한 업력 3년 미만의 창업기업 (TIPS) 팁스 운영사로부터 투자 및 추천을 받은 업력 7년 미만의 (예비)창업팀
TIPS	**(지원내용)** 운영사의 엔젤투자금(1~2억 원 내외)에 정부의 기술개발(R&D)자금(최대 5억 원)을 매칭하여 지원하고, 창업사업화 자금(최대 1억 원), 해외(최대 1억 원)을 연계지원하고, 엔젤투자매칭펀드(최대 2억 원, 지분투자)를 추가 지원 가능 **(지원자격)** 팁스 운영사로부터 투자 및 추천을 받은 업력 7년 미만의 (예비)창업팀
Post TIPS	**(지원내용)** 제품·서비스의 상용화(사업화) 또는 국내외 마케팅(판로확대 등) 등 사업 고도화를 위한 자금을 2년간 최대 5억 원 지원 **(지원자격)** TIPS 최종평가 결과 "성공" 판정받은 기업 중 업력 7년 미만의 창업기업 **(성공판정 기준)** ①M&A(50억 원), ②IPO(코넥스 포함), ③연매출 60억 원, ④후속투자 50억 원, ⑤연수출 100만불, ⑥신규 고용 20명 이상 ⑦ 상기 ③~⑥요건 1·2기준을 복수 달성

표22. TIPS의 지원내용 및 지원자격

기술지주회사는 주로 대학과 연구기관이 보유하는 지적재산권과 같은 공공기술을 사업화 하는 목적으로 현금 또는 기술을 출자하여 설립한 투자사이다. 대표적으로 서울대 기술지주회사, 연세대 기술지주회사가 있다. 기술지주회사는 주관부부처에 따라 3가지로 나뉘는데, 교육부의 산학연협력기술지주회사, 산업통상자원부의 공공연구기관첨단기술지주회사, 그리고 중소벤처기업부의 신기술창업전문회사가 있다.

창투사는 가장 대표적인 벤처캐피탈 회사로서, 수천만 원에서 수억 원을 투자하는 시드 단계에서부터 수억 원에서 수천억 원을 투자하는 시리즈 A~D, Pre IPO까지 모든 단계에서 투자를 한다. 20억 원 이상의 설립 자본금이 필요하고, 벤처 인증을 받은 기업에만 일정 비율 이상을 투자할 의무 및 운영자산의 40% 이상을 중소기업 및 벤처에 투자해야 하는 특징을 가지고 있다. 대표적으로 미래에셋벤처투자, 한국투자파트너스, IMM인베스트먼트 등이 있다.

운용사명	자본금	홈페이지
IMM인베스트먼트	186억 원	http://imm.co.kr/
신한벤처투자	252억 원	https://www.shinhanvc.com/kr
아주IB투자	604억 원	http://www.ajuib.co.kr/main
KB인베스트먼트	1126억 원	http://www.kbic.co.kr/
SV인베스트먼트	266억 원	http://www.svinvest.com/
인라이트벤처스	4억 원	http://enlightvc.com/
캡스톤파트너스	0.5억 원	https://cspartners.co.kr/ko/
우리벤처파트너스	500억 원	http://woorivp.com/
UTC인베스트먼트	50억 원	http://www.utc.co.kr
BNH인베스트먼트	8억 원	http://bnhinv.com/
대교인베스트먼트	70억 원	http://www.daekyoinvest.com/
HB인베스트먼트	100억 원	https://www.hbvc.co.kr
인터베스트	100억 원	http://www.intervest.co.kr/en
스마일게이트인베스트먼트	399억 원	http://www.smilegateinvestment.com/
비하이인베스트먼트	11억 원	https://www.behighvc.co.kr/

한국투자파트너스	2070억 원	http://partners.koreainvestment.com/kr
SBI인베스트먼트	835억 원	http://www.sbik.co.kr/
솔리더스인베스트먼트	100억 원	http://www.solidusvc.com/
에이벤처스	20억 원	https://aven.vc/
미래에셋벤처투자	546억 원	http://venture.miraeasset.co.kr/

표23. 국내 대표적인 벤처캐피탈 (자본금 2023년 7월 기준)

　창투사는 중소벤처기업부로부터 관리감독을 받으며, 벤처투자법(벤처투자촉진에 관한 법)에 따라 벤처투자조합을 설립할 수 있는 반면, 신기사는 금융위원회로부터 통제를 받고, 여전법(여신전문금융업법)에 따라 벤처투자조합을 설립할 수 있는 차이점이 있다. 최소 설립 자본금으로는 신기사는 100억 원, 창투사는 20억 원이 필요하다. 또한 투자 의무 대상으로 창투사는 일정 비율 이상을 벤처기업 등에 투자할 의무가 있지만, 신기사는 좀 더 범위가 넓은 신기술 사업자에(기술 및 저작권, 지적재산권 등과 관련된 연구·개발·개량·제품화 또는 이를 응용하여 사업화하는 사업) 투자할 의무를 지닌다. 대표적인 신기사로는 포스코기술투자, 하나벤처스, 롯데벤처스, 미래에셋캐피탈 등이 있다.
　LLC는 벤처투자 촉진에 관한 법률에 따라 별도의 자본금 제약이 없는 방식으로서, 주식회사 형태로 설립되는 창투사와 달리 상법상 유한회사 또는 유한책임회사 형태로 설립되는 형태이다. 의사결정이 빠르고, 의무 비율과 같은 제한이 없어 미국 VC의 과반수 이상이 LLC 형태를 선호하지만, 국내는 모태펀드로부터 투자를 받지 못하고, 상장이 어렵다는 점 때문에 창투사, 신기사에 비해서는 적은 편이다. 대표적으로는 K2인베스트먼트파트너스, 프리미어파트너스가 있다.

3. 일반 금융권

스타트업에 직접투자를 진행하는 금융권은 크게 금융기관(은행, 증권사, 캐피탈, 보험사, 자산운용사 등)과 경영참여형 사모집합투자기구 운용사(경영참여 PEF운용사)가 있다. 시중금리 변동에 많은 영향을 받는 국내 은행은 2010년 이후 시중 금리 하락세로 인해 수익성이 떨어졌다. 이에 금융기관들은 중장기적인 수익구조 개선을 위해 스타트업에 지분투자를 통한 직접투자는 물론 펀드를 조성하여 간접 투자를 하는 등의 활동으로 부가가치를 제고하고 있다.

2022년, 국내의 금융지주가 운영하는 핀테크랩이 832개의 스타트업에 9,700억 원 이상을 지원했다. 국내의 대표적인 금융지주는 KB금융그룹(KB Innovation Hub), 신한금융그룹(신한퓨처스랩), NH농협은행(NH디지털챌린지), 우리금융그룹(디노랩), DGB금융그룹(FIUM Lab)이 있다. 이들은 핀테크랩을 별도로 운영하고 스타트업 초기 투자는 물론 액셀러레이팅 기능도 하고 있다.

국내 19개 금융기관에서 출연하여 만든 은행권청년창업재단에서 성장사다리펀드, 은행권일자리펀드 등을 조성하여 국내 유니콘 기업들에 투자를 하고 있다. 다만 일반 VC와는 투자 기준이나 의사결정이 다르기 때문에 빠른 투자금 회수를 원하기도 한다. 대표적인 투자자로는 KB금융그룹(KB Innovation hub), 신한금융그룹(신한퓨처스랩), 디에스자산운용 등이 있다.

4. 일반 법인(CVC)

법인들 중에서도 스타트업에 직접투자하는 곳들이 있다. 국내에서는 일반지주회사의 금산분리 규제 등의 이유로 해외에 비해서는 다소 발전 속도가 느린 편이다. 최근 정부는 금산분리에 대한 규제를 완화하고 있고, 법인들이 가지고 있는 인적 네트워크나 기술력, 정보력 등을 활용하여 스타트업에 투자하고 성공한 사례들이 늘어나고 있다. 이에, 많은 법인들이 직접투자에 대해 관심을 가지고 있다. 법인의 스타트업에 직접투자하는 대표적인 방식으로는 기업주도형 벤처캐피탈(CVC)이 있다.

기업주도형 벤처캐피탈(Corporate Venture Capital ; 이하 CVC)은 회사 법인이 벤처캐피탈의 대주주가 되어 성장성이 높은 스타트업에 지분을 투자하는 투자기관을 말한다. CVC는 자신의 모회사의 사업 포트폴리오에 도움이 될 스타트업을 인수합병(M&A) 후보

군으로 두고, 직접투자를 통해 투자 수익을 창출하는 재무적 목적을 고려한다. 또는, 사업에 필요할 경우 인수합병하는 전략적 목적 모두를 염두에 둔다.

    CVC는 크게 두가지 유형이 있는데, 첫번째는 모기업이 100% 자회사를 설립하여 자체 자본을 활용하거나, 외부펀드 결성을 통하여 스타트업에 투자하는 방식이다. 두번째는 모기업 내 사업부에서 CVC를 전담하는 부서를 운영하는 방식으로, 모기업으로부터 부여받은 예산으로 투자하는 방식이다. 두번째 방식보다는 첫번째 방식이 상대적으로 투자 운영에 대한 자율권이 있고, 외부펀드 결성 목적에 따라 다양한 형태의 VC가 만들어지기 때문에 일반 VC의 확장된 개념으로 볼 수 있다. 스타트업들은 CVC에 투자를 받기 위해서는 모기업의 사업 방향성과 전략적 목적의 영향을 받지 않을 수 없기 때문에, 모기업의 전략적 동기나 특성을 잘 파악할 필요가 있다. 또한 완화는 되고 있지만, 여전히 금산분리 규제 이슈가 있기 때문에, 관련 법과 제도를 제대로 이해하는 것이 필수적이다.

집단	CVC명	종류
롯데	롯데벤처스	신기사
코오롱	코오롱인베스트먼트	창투사
CJ	씨제이인베스트먼트	창투사
신세계	시그나이트파트너스	투자사
농협	NH벤처투자	신기사
미래에셋	미래에셋벤처투자	창투사

삼성	삼성벤처투자	신기사
KT	KT인베스트먼트	신기사
호반건설	코너스톤투자파트너스	신기사
다우키움	키움인베스트먼트	창투사
포스코	포스코기술투자	신기사
네이버	스프링캠프	창투사
카카오	카카오인베스트먼트	투자사
이랜드	이랜드벤처스	투자사
유진	스프링벤처스	투자사

표24. 국내 대기업집단의 국내 CVC보유 현황

5. 사모펀드(PEF)

사모펀드(PEF)는 크게 2가지가 있는데, 그 중 VC에 속하는 창업-벤처 전문 경영참여형 사모집합투자기구 운용사(이하 창업-벤처 PEF운용사), 경영참여형 사모집합투자기구 운용사(이하 경영참여전문PEF)가 있다. 창업-벤처전문PEF는 창업한지 7년 이내의 벤처기업, 기술혁신형·경영혁신형 중소기업 및 신기술사업자등에 투자하여 소규모 지분을 획득하는 투자자이다. 대표적인 투자자는 패스트인베스트먼트와 베이스인베스트먼트가 있다.

앞서 설명했던 '전문투자형 사모집합투자기구'는 헤지펀드로 운용되는 반면, 경영참여 PEF운용사는 '자본시장과 금융투자업에 관한 법률'에 따라 경영지배 목적의 요건을 갖춘 투자만 가능한 투자기관이다. 이들은 초기 스타트업에 대한 투자보다는 시리즈 B이상의 일정 수준 이상 성장한 스타트업에 투자를 하거나, IPO를 앞둔 회사들을 M&A하는 활동들을 주로 한다. 투자 기업에 대한 적극적인 구조개선 및 경영권 참여를 통해 기업 가치를 제고하여 최종적으로는 Buy-out 투자를 목적으로 투자한다. 대표적인 투자자로는 MBK파트너스, IMM인베스트먼트가 있다.

운용사명	자본금	홈페이지
IMM인베스트먼트	186억 원	http://imm.co.kr/
프리미어파트너스	11억 원	http://premierpartners.co.kr/
아주IB투자	604억 원	http://www.ajuib.co.kr/main
한국투자파트너스	2070억 원	http://partners.koreainvestment.com/kr
SV인베스트먼트	266억 원	http://www.svinvest.com/
소프트뱅크벤처스	180억 원	https://www.softbank.co.kr/en2/
나우IB캐피탈	478억 원	https://www.nauib.com/
스톤브릿지벤처스	90억 원	https://www.stonebridge.co.kr/venture-capital
유안타인베스트먼트	320억 원	http://yuantainvest.com/
KB인베스트먼트	1126억 원	http://www.kbic.co.kr/
신한벤처투자	252억 원	https://www.shinhanvc.com/kr
인터베스트	100억 원	http://www.intervest.co.kr/en
미래에셋벤처투자	546억 원	http://venture.miraeasset.co.kr/
SBI인베스트먼트	835억 원	http://www.sbik.co.kr/
UTC인베스트먼트	50억 원	http://www.utc.co.kr/

이앤인베스트먼트	200억 원	http://www.eninvestment.co.kr/
키움인베스트먼트	596억 원	http://www.kiwoominvest.com/
TS인베스트먼트	221억 원	http://www.tsinvestment.co.kr/main/main.php
데일리파트너스	111억 원	http://www.dayli.partners/
포스코기술투자	1036억 원	http://www.poscocapital.com/kr/

표25. 국내 대표적인 사모펀드(자본금 2023년 7월 기준)

사업에서 일반적으로 받는
질문이 '왜죠?'이다.
그것은 좋은 질문이지만,
동등하게 유효한 질문이 있다.
'왜 안되죠?'

The common question that
gets asked in business is,
'why?'
That's a good question,
but an equally valid question is,
'why not?'

- Jim Skinner, CEO of McDonald's -

Part 2

Chapter 01 스타트업 투자유치 성공 프로세스

Chapter 02 투자심사 핵심포인트와 심사과정

Chapter 03 투자계약서 작성 시 유의사항

Chapter 04 투자금 확보를 위한 사업계획서 수립 방법

투자유치 전략

투자사들의 기업평가 주요항목

첫째, 기술 역량 및 인력 보유 수준

둘째, 비즈니스 모델

셋째, 수익 창출 능력

넷째, 성장 잠재력

01

스타트업 투자유치
성공 프로세스

1. 국내 투자시장과 스타트업 투자유치 로드맵

　최근 들어 벤처기업에 대한 투자 열기가 뜨겁다. 정부 차원에서 적극적으로 지원책을 마련하고 있고 직접 투자하는 벤처투자조합들도 앞다퉈 나서고 있다. 2022년 1월 한국벤처캐피탈협회에 따르면 전년도 신규 벤처투자액은 7.7조로 2017년 대비 3배 이상 성장한 역대 최다 투자를 기록했다. 아직까지 선진국 수준과는 비교조차 어렵지만 그래도 고무적인 일이 아닐 수 없다.

　하지만 여전히 대다수의 중소벤처기업들은 자금조달에 어려움을 겪고 있다. 은행 문턱은 높고 신용보증기금 등의 정책자금 대출은 절차가 까다롭다. 설사 운 좋게 돈을 빌린다 해도 금리가 만만치 않다. 상황이 이렇다 보니 아예 포기하고 손을 놓는 업체들도 적지 않다. 이럴 때일수록 보다 다양한 방식의 자금조달 루트를 확보해야 한다.

우선 엔젤투자자나 액셀러레이터(AC)로부터 초기 단계의 시드머니를 유치하는 방안을 고려해 볼 수 있다. 이때 주의할 점은 반드시 수익 실현 시점을 명시해야 한다는 것이다. 그래야 나중에 지분을 되팔거나 주식 교환 또는 인수합병 시 유리해진다. 또 하나는 크라우드펀딩 활용이다. 그 외에 코스닥 상장 요건 완화 및 코넥스 신설 등의 제도 개선을 통해 직접금융 활성화를 유도하는 것도 좋은 방법이다.

벤처캐피탈(VC)로부터 투자를 받을 수도 있는데 주로 시리즈 A 단계에서 이뤄진다. 참고로 벤처캐피탈(VC)은 크게 세 가지 유형으로 구분한다. 첫째는 순수 민간 자본형이고, 둘째는 금융기관 주도형, 셋째는 공공부문 주도형이다. 각 투자기관마다 투자정책이 다르기 때문에 목적에 맞게 선택하면 된다.

개인투자조합 등을 통해 소액으로 투자 받을 수 있지만 금액이 크지 않다. 따라서 대규모 자금조달이 필요하다면 스타트업 데모데이 행사 또는 기업, 기관에서 주관하는 투자유치 행사를 통해 벤처캐피탈(VC) 투자유치가 필요할 것이다. 장기적으로는 IPO와 M&A의 경우도 생각해 볼 수 있다. 먼저 IPO는 주식시장에 상장함으로써 일반인들에게 회사 지분을 매각하는 방식이다. 주로 코스닥이나 코스피에 등록하는데 심사 절차가 까다롭고 기간도 오래 걸린다. 게다가 공모가도 낮게 책정되기 때문에 수익률 측면에서는 그다지 매력적이지 못하다.

다음으로 M&A는 인수합병을 뜻한다. 둘 이상의 기업이 하나로 합쳐지는 것인데 보통 규모가 작은 중소기업끼리 합치는 경우가 많다. 합병 후에도 기존 경영진이 그대로 유지된다는 장점이 있다. 다만 상대 업체 측에서 제시하는 조건이 마음에 들지 않을 경우 성사되지 못할 수도 있다.

2. 초기 스타트업의 기업가치 계산법

벤처캐피탈(VC)로 투자유치를 진행하다 보면 프리머니밸류(프리밸류), 포스트머니밸류(포스트밸류), 지분율에 관한 용어를 자주 듣게 된다. 기업의 가치를 산정할 때 투자 받기 전과 투자 받은 후의 가치가 달라진다. 여기에서 투자유치 전 기업가치를 프리머니밸류라고 하고 투자를 받은 이후의 회사가치를 포스트머니밸류라고 한다. 즉, 프리머니밸류에 투자금을 더하면 포스트머니밸류가 된다.

> 프리머니밸류(Pre-money) + 투자금 = 포스트머니(Post-money)

초기 스타트업의 경우 상장회사와 다르게 매출, 영업이익 등 수익분석을 할 수 있는 성과지표가 없기 때문에 투자사와의 협상에 의해서 기업가치가 정해진다. 일반적으로 스타트업의 미래 잠재력을 바탕으로 투자 자금 규모와 지분율이 결정된다.

1) 프리머니밸류(Pre-money Valuation)

프리머니밸류는 투자유치 전의 기업가치를 의미한다. 벤처캐피탈(VC)로부터 투자를 유치하려면 우선 기업가치를 높여야 한다. 그래야 원하는 만큼의 자금을 조달할 수 있기 때문이다. 이때 필요한 개념이 바로 프리머니밸류다. 쉽게 말해 현재 시점에서 평가받는 회사가치를 의미한다. 보통 벤처캐피탈(VC)에서는 향후 성장 잠재력을 고려해 미래 현금흐름을 할인하여 계산한다. 따라서 프리머니밸류가 높을수록 좋은 평가를 받는 것이라고 볼 수 있다. 물론 반대로 낮을수록 저평가된다는 뜻이기도 하다.

투자유치 규모에 따라 다르지만 시리즈 A단계 이상의 투자를 받은 경우 기존에 받은 투자금과 영업이익, 매출 등의 성과지표를 통해서 프리머니밸류를 대략적으로 산출할 수 있다. 그러나 초기 스타트업의 경우 성장하기 위해 투자자금을 계속 투입해야 하기 때문에 기업의 가치를 산정하는 것이 매우 어렵다.

프리머니밸류에서 초기 스타트업의 기업가치를 산정하는 요소는 다음과 같다. 시장의 전망, 기술력, 경쟁업체 기업가치, 성장매출, 지분율, 기존 투자이력, 관련규제, Exit 가능성 등이다.

2) 지분율

지분율은 회사 자본금에서 창업자, 투자자의 지분 비율을 말한다. 스타트업 창업자가 초기에 1억 원을 투자해 회사를 설립했다면 창업자 본인 지분율은 100%의 1억 원짜리 기업을 소유하게 된다.

창업 이후 3년 뒤 매출이 100배 이상 성장할 것으로 판단하고 투자자에게 프리머니밸류를 100억 원으로 투자자에게 10억 원을 받았다면 포스트머니밸류는 110억 원으로 투자자는 해당 회사의 지분을 9.1%를 가져가게 되며 창업자의 지분율은 90.9%가 되는 것이다.

3) 포스트머니밸류(Post-money Valuation)

포스트머니밸류는 포스트밸류라고도 불린다. 투자유치 후 스타트업의 기업가치를 의미한다.

프리머니밸류와 포스트머니밸류

구분	사례 1	사례 2
프리머니(1)	90억	100억
투자금액(2)	10억	10억
포스트 머니 (3=1+2)	100억	110억
투자자 지분율 (4=2÷3)	10%	9.1%

표26. 프리머니밸류와 포스트머니밸류 사례 비교표

스타트업의 미래 잠재력을 토대로 다음 성과를 내기 위해 필요한 자금으로써 투자자금의 규모를 논의하고 투자사에게 어느 정도의 지분율을 제공할 것인지 협상을 진행하게 된다. 투자금에 대한 지분율까지 합의가 되면 그때 포스트머니밸류가 정해진다.

예를들어 표26의 사례1)에서 투자자가 프리머니밸류 90억인 스타트업에게 10억을 투자했다면 포스트머니밸류는 100억이 되며 이때 투자자의 지분율은 10%가 된다. 사례2)처럼 프리머니밸류 100억인 스타트업에게 10억을 투자했다면 포스트머니밸류는 110억이 되며 이때 투자자의 지분율은 9.1%가 된다.

프리머니밸류와 포스트머니밸류 지분율

구분	투자금액	창업자 지분율	투자자 지분율
사례1	10억	90%	10%
사례2	10억	90.9%	9.1%

표27. 프리머니밸류와 포스트머니밸류 지분율

투자를 받은 이후 창업자의 지분이 희석되며 기업가치를 어떻게 평가하느냐에 따라서 지분율의 구조가 달라진다. 창업자와 투자자가 기업가치를 100억 원으로 평가했을 때 기업가치가 프리머니밸류인지, 포스트머니밸류인지를 확인해야 된다. 동일한 10억 원을 투자받는 것이지만 프리밸류를 90억 원으로 하느냐 100억 원으로 하느냐에 따라 창업자의 지분율에 차이가 있다. 사례1)처럼 프리머니밸류를 90억 원으로 평가한 경우 창업자가 투자자에게 0.9% 지분을 더 주어야 되기 때문이다.

창업자는 가진 지분을 넘겨주는 대가로 투자금을 받게 되는데 이러한 지분 양도를 '지분희석'이라고 한다. 프리머니밸류와 포스트머니밸류를 계산하는 기본 공식은 3가지가 있다.

투자금과 지분율을 이용해 모두 역산할 수 있다.

기업밸류 계산 공식

1. 프리머니밸류 + 투자금 = 포스트머니밸류
2. 투자금 / 포스트머니밸류 = 지분율
3. 투자금 / 지분율 = 포스트머니밸류

3. 투자사들의 기업평가 요소 및 평가 항목

벤처캐피탈(VC)로부터 투자를 유치하려면 먼저 회사의 현재 상태를 객관적으로 진단·평가해야 한다. 그래야 부족한 부분을 보완하고 강점을 부각시킬 수 있기 때문이다.

스타트업 업계에는 현재 다양한 형태의 비즈니스 모델이 공존한다. 각 회사별로 추구하는 방향 및 목표 그리고 지향점이 다를 수밖에 없다. 그럼에도 불구하고 공통적으로 적용되는 기업평가 요소가 몇 가지 있는데 다음과 같다.

1. 수익모델 구축 여부다. 쉽게 말해 돈을 벌 수 있느냐 없느냐인데 이게 명확해야 지속적인 성장이 가능하다.

2. 핵심기술 보유 여부다. 핵심기술이 없이는 제대로 된 서비스 구현이 불가능하므로 반드시 갖춰야 한다.

3. 고객 확보 능력이다. 얼마나 많은 잠재고객을 확보했느냐에 따라 향후 매출 규모가 달라질 수 있기 때문이다.

4. 마케팅 역량이다. 아무리 좋은 기술과 콘텐츠를 가지고 있어도 알리지 못하면 무용지물이다.

5. 자금조달 능력이다. 초기 자본금이 부족하면 원활한 운영이 어려울 수 있으므로 미리 준비해 두어야 한다.

6. 팀원 구성이다. 팀워크가 좋아야 업무 효율이 높아지고 성과 창출에도 유리하다.

7. 팀 빌딩 노하우다. 조직 관리 경험이 풍부할수록 시행착오를 줄일 수 있으니 참고하자.

8. 경영진의 자질이다. 리더의 마인드와 리더십이 성패를 좌우한다고 해도 과언이 아닐 정도로 매우 중요한 항목이다.

기업평가 항목은 크게 네 가지로 나뉜다. 첫째, 기술 역량 및 인력 보유 수준, 둘째, 비즈니스 모델, 셋째, 수익 창출 능력, 넷째, 성장 잠재력으로 구분된다. 각 항목별로 세부 기준이 있는데 다음과 같다.

1. **기술 역량 및 인력 보유 수준** : 핵심기술 확보 여부, 개발 인력 구성 현황, R&D 조직 운영 체계, 특허 출원 및 등록 건수, 지적재산권 보유 현황, 지식재산권 침해 사례 유무

2. **비즈니스 모델** : BM 차별성, 고객군별 매출 비중, 주요 서비스 제공 방식, 이용자 규모 추이, 마케팅 채널 구축 현황, 제휴사 네트워크, 자금조달 계획 수립 여부

3. **수익 창출 능력** : 영업이익 실현 가능성, 손익분기점 달성 시점, 현금흐름 개선 방안, 재무 안정성 지표, 부채비율, 유동비율, 차입금 의존도, 이자보상배율

4. **성장 잠재력** : 향후 1년간 예상 매출액, 목표 시장 점유율, 해외 진출 준비 상황, 글로벌 확장 로드맵, 국내외 유사 업체 비교 우위 요소, 정부 지원 프로그램 참여 경험

위 네가지 항목을 참고하여 자사의 현주소를 점검해 보길 바란다. 만약 위의 조건 가운데 하나라도 미달된다면 보완을 위한 준비 과정이 필요하다. 물론 모든 면에서 우수하다면 더할 나위 없이 좋겠지만 현실적으로 불가능하므로 냉정하게 판단하고 준비해야 할 것이다.

4. NICE 평가정보의 기업평가등급

벤처기업 또는 스타트업 회사라면 반드시 알아두어야 할 용어가 있다. 바로 기업신용평가등급이다. 쉽게 말해 신용조회회사가 기업의 채무 상환 능력을 평가하여 등급으로 나타낸 것인데 금융기

관 및 공공기관으로부터 대출을 받거나 정부지원금을 받기 위해서는 필수적으로 갖추어야 한다. 일반적으로 BB-이상이어야 투자유치가 가능하다고 알려져 있다. 기업 신용등급이란 금융기관이 기업에 대해 대출 여부 또는 금리 결정 시 참고하는 지표로서 재무상태, 경영 능력, 현금흐름, 채무상환 능력 등을 종합적으로 고려하여 평가한 등급을 말한다.

일반적으로 AAA ~ R까지의 10개 등급으로 구분되며 등급에 따라 우량기업임을 나타낸다. 그럼 도대체 왜 이렇게 복잡한 기준으로 회사의 신용 상태를 평가하는 것일까? 바로 부실채권을 방지하기 위함이다. 만약 은행 입장에서 돈을 빌려준 기업이 파산한다면 엄청난 손실을 입게 된다. 따라서 미리 위험 요소를 제거하고자 객관적인 근거를 바탕으로 심사 과정을 거치는 것이다. 물론 모든 업체가 동일한 잣대로 평가받는 건 아니다. 업종별 특성상 부채비율이 높은 건설 업체라든지 조선사 등은 상대적으로 낮은 등급을 받을 수밖에 없다. 반대로 IT 업계라면 보다 유리한 조건으로 자금조달을 할 수 있다.

NICE 평가정보_ 기업 신용등급 체계 및 정의

신용등급	등급 정의
AAA	상거래를 위한 신용능력이 최우량급이며, 환경변화에 충분한 대처가 가능한 기업
AA	상거래를 위한 신용능력이 우량하며, 환경변화에 적절한 대처가 가능한 기업
A	상거래를 위한 신용능력이 양호하며, 환경변화에 대한 대처능력이 제한적인 기업

BBB	상거래를 위한 신용능력이 양호하나, 경제여건 및 환경악화에 따라 거래안정성 저하 가능성이 있는 기업
BB	상거래를 위한 신용능력이 보통이며, 경제여건 및 환경악화 시에는 거래안정성 저하가 우려되는 기업
B	상거래를 위한 신용능력이 보통이며, 경제여건 및 환경악화 시에는 거래안정성 저하 가능성이 높은 기업
CCC	상거래를 위한 신용능력이 보통 이하이며, 거래안정성 저하가 예상되어 주의를 요하는 기업
CC	상거래를 위한 신용능력이 매우 낮으며, 거래의 안정성이 낮은 기업
C	상거래를 위한 신용능력이 최하위 수준이며, 거래위험 발생가능성이 매우 높은 기업
D	현재 신용위험이 실제 발생하였거나, 신용위험에 준하는 상태에 처해 있는 기업
R	1년 미만의 결산재무제표를 보유하였거나, 경영상태 급변(합병, 영업양수도 등)으로 기업신용 평가등급 부여를 유보하는 기업

표28.기업 신용등급 체계 및 정의

주요 평가 요소 중에서 기업 신용평가 모형은 재무 모형과 비재무 모형으로 구성되어 있으며, 하부 모형별 평가 요소는 다음과 같다.

기업규모에 따라 소기업의 경우 대표자 CB 스코어를 추가적으로 평가에 반영한다. (NICE CB : 개인신용평점 활용) 대표자 CB 스코어를 평가에 반영하는 경우와 반영하지 않은 경우 재무와 비재무 모형 비중이 상이하게 적용된다. 현재의 대표자 CB 스코어를 평가에 반영하는 경우 재무 모형 30%, 비재무 모형 70%를 합산해 최종 등급을 정하게 된다.

- 재무 모형: 기업 재무제표 정보를 이용하여 기업의 부실 가능성을 측정하며, 주요 평가 요소는 다음과 같다.

평가요소	상세 내용
수익성	일정기간 동안 기업의 경영 성과 측정
안정성	차입금에 대한 지급능력 및 타인자본 의존도 등 측정
부채상환능력	차입금에 대한 상환능력을 측정
유동성	기업의 현금지급능력 측정
활동성	자산의 효율적인 운영능력 측정
성장성	일정기간 동안 기업의 성장성 측정

표29. 재무 모형(출처 : * NICE 평가정보 홈페이지)

- 비재무 모형: 배재무 모형은 재무 모형에서 반영하지 못하는 기업의 비재무적인 위험을 평가하며, 주요 평가 요소는 다음과 같다.

평가요소	상세 내용
산업위험	기업이 속한 산업 전망 평가
경영위험	경영관리 능력 및 경영 안정성 평가
영업위험	영업자원, 구매위험, 생산위험, 판매 위험등 평가
재무위험	질적 재무위험 평가
신뢰도	거래 신뢰도 및 업체 신뢰도 평가

표30. 비재무 모형(출처 : * NICE 평가정보 홈페이지)

투자심사 핵심포인트와 심사과정

1. 투자심사 핵심포인트

초기 스타트업은 판매지표나 고객지표와 같이 객관적으로 기업가치를 평가할 자료들이 부족하다. 그렇다 보니 투자자들의 주관적 경험이 기업 심사 과정에서 많은 영향을 미칠 수 밖에 없다. 이를 보완하기 위해 투자자들은 다양한 방법론과 도구를 활용하여 최대한 객관적으로 판단하고자 노력한다.

1) 자체 방법론(Consensus)

대부분의 투자사는 자체적으로 수집한 투자 사례를 활용하여 미래의 기업가치를 현재의 기업가치로 환산하는 공식과 같이 투자사만의 가이드를 가지고 있다. 스타트업의 종류, 경쟁하는 시장에 따른 차별성, 경쟁 우위, 사업 모델의 현실성 등을 고려하여 자체적으로 기업가치를 산출한다. 시드 투자를 주로 하는 투자자들은 기업가치와 시드 투자 금액을 사전에 고정해 두고 그에 맞춰 투자 여부를 결정하기도 한다.

2) 미래 성장 잠재력

투자자 입장에서는 현재의 기업가치보다 미래의 기업가치가 '엑시트'라는 투자의 기본 목적을 달성하기 위해 더 중요하다. 만약 투자자의 기대치보다 기업의 미래가치가 못 미친다면, 기업의 현재가치라도 투자자가 기대하는 현재가치 보다 비싸지 않아야 투자할 가능성이 생긴다. 반대로 스타트업의 성장 가능성이 매우 높다면, 목표 수익을 회수 하는데 큰 문제가 없기 때문에 현재의 기업가치를 조금 더 높게 쳐줄 수도 있다.

시장 자체의 사이즈가 크지 않아 투자 대상 스타트업의 최대 성장가치가 500억 원 정도가 한계라고 한다면, 최소 3배 이상의 수익 환수가 목표인 투자자들에게는 현재가치 200억 원의 기업들은 매력적으로 보이지 않는다.(최대 성장가치가 600억 원 이상이 되어야 한다.) 반대로 기업의 미래가치가 1,000억 원이나 2,000억 원까지 성장할 가능성이 있는 스타트업이라면 적정 기업가치는 300억 원 정도로 보이나 400억 원의 현재가치를 가진 스타트업도 매력적으로 느껴질 수 있다.

3) 선행 투자 가치와의 비교

이미 선행 투자유치가 진행된 스타트업 경우 후속 투자자가 선행 투자유치 시점의 기업가치나 객관적 지표와 비교해 상대적으로 얼마나 성장했는지를 현재 기업가치 산정에 참고할 때도 있다.

4) 투자 시장 상황

결국 적정 기업가치는 시장의 수요와 공급에 의해 최종 결정된다. 복잡한 공식과 가치 산정과는 별개로 인기가 많고 매력적인 스타트업은 상대적으로 좀 더 높은 기업가치로 인정하여 투자유치할 가능성이 있다. 인기가 많지 않은 스타트업은 기업가치가 낮아지거나 투자유치 자체가 불가능할 수도 있다.

개별 스타트업의 선호도 외에 투자 시장 전체에 운용되는 펀드 규모의 영향을 받기도 한다. 특정 시장의 운용 펀드 규모(공급)와 시장 내 스타트업의 숫자(수요)도 개별 기업가치에 영향을 미치기도 한다.

또한, 전반적 경제 상황도 기업가치 평가에 많은 영향을 미친다. 전 세계적으로 2021년은 투자 시장에 자금이 많이 풀려 국내 스타트업의 기업가치가 과대평가되었다는 의견이 있었다. 반대로 유동성이 극적으로 줄어 투자 시장의 혹한기라고 불리는 2022년 하반기에는 높은 미래가치를 가지고 있는 스타트업이라도 투자유치 자체가 어려워졌거나, 현재 기업가치를 2021년 대비 낮추어야 투자 유치가 가능한 상황이 발생하기도 하였다.

2. 투자 심의, 투자 실사(Due Diligence)

투심위란 투자 심의 위원회의 줄임말로, 투자사 내에서 담당자 또는 실무자가 특정 스타트업에 투자를 하겠다고 의견을 제안하면, 투자사의 다른 심사역이나 파트너들이 함께 모여 최종 투자 심의를 하는 과정이다. 투자사의 담당자는 투심위를 위해 직접 스타트업을 방문하여 추가 자료를 수집하고 스타트업 직원을 대상으로 인터뷰를 진행하기도 한다. 또한, 스타트업 대표와 협의하여 투심위 참석자를 설득하기 위한 근거와 자료를 준비한다. 이 모든 것은 투자유치를 위해 투자사를 설득하는 과정이다. 스타트업들은 투자사의 다양한 요청에 적극 협력하는 것이 좋다.

참고로 투심위가 열리기 이전에 기업가치와 투자금액을 비롯한 주요 계약 내용 및 투자 조건을 투자사의 담당자와 자세하게 협상해야 한다. 일단 투심위에서 기업가치나 투자금액 등이 결정되면 그 이후에는 변경이 어렵기 때문이다. 심지어 일부 내용을 수정하려고 해도 투심위를 처음부터 다시 진행해야 하는 경우가 많다.

그리고 투자사 담당자는 스타트업에게 IR 피칭 자료 외에도 팀원들의 자세한 경력, 시장분석 관련 추가 자료, 매출 및 서비스 관련 핵심 지표, 세부적인 기술 내용 및 관련 자료, 선행 투자계약서 등을 요청하기도 한다. 이 과정에서 스타트업 내부 현황을 세밀하게 알 수 있는 자료를 바탕으로 협의할 문서를 작성하고 전달해야 할 수도 있다. 만약 비밀 유출에 대한 우려가 있다면 투자사 담당자로부터 NDA(기밀유지 협약서)를 받아 두기도 한다. 대체로 성장 단계의 후기 투자유치 시 내부의 상세 정보 유출에 대한 우려가 있거나, 투자자가 직접 경쟁 제품·서비스를 출시할 가능성이 있는 전략적 투자자(SI)일 때 NDA를 고려할 수 있다.

투자심사보고서는 IR 자료를 포함하여, 해당 스타트업으로부터 수집한 자료에 투자사 담당자가 별도로 분석한 자료를 추가하여 작성한다. 투자사마다 양식이 다르지만, 일반적으로 ▲ 요약정보 ▲ 시장과 회사의 현황과 분석 ▲ 비즈니스 모델 ▲ 재무 상황 ▲ 팀멤버 ▲ 투자 구조와 조건 ▲ 회수 방법 ▲ 관련 의견 등의 자료를 포함하여 정리한다. 투자사의 담당자는 투심위 보고 자료를 준비하기 위해 수십 장에 달하는 자료를 꼼꼼히 검토하는데 긴 시간을 투입한다. 그렇기 때문에 스타트업은 스타트업의 미래가치에 대해 투자사의 담당자가 먼저 확신을 갖도록 만들어야 한다. 이를 바탕으로 투자사의 담당자는 특정 스타트업에 대한 투자건에 대해 사내 심사역과 임원을 설득할 수 있다는 자신감을 갖게 되고, 투심위에 투자 안건으로 올리는 결정을 할 수 있다.

1) 투심위

투자사에 따라 투심위가 한 번의 투심위을 열거나, 두 단계의 투심위를 갖기도 한다. 한 번의 투심위도 신중하게 진행하기 때문에 두 단계의 투시위보다 소요 기간이 길 때도 있다. 또한, 투심위를 두 단계로 진행한다고 해서 시간이 더 소요되는 것은 아니다. 두 단계 투심위는 예비 투심위 단계를 통과한 투자건에 대해 우려가 되는 부분을 보완하여 본 투심위 단계에서 검토하는 절차를 밟는다.

2) 예비 투심위

예비 투심위는 스타트업이 아닌 투자사의 담당자가 스타트업을 대변하여 IR 피칭과 관련 내용을 발표한다. 투자사 대부분의 구성원들인 심사역과 임원진 모두가 참석하는 것이 기본이다. 특수한 상황에 따라 한 분야의 전문가가 배석하기도 한다. 일반적으로 스타트업의 IR 피칭 때보다도 더 구체적이고 심도 있는 질의와 토론을 진행한 뒤, 예비 투심위를 통과시킬지를 결정한다.

예비 투심위 통과 결정은 참석자들의 평가 점수를 합산하는 방식을 사용하기도 하고, 투표를 통해 참석자의 일정 비율 이상이 찬성을 해야만 통과하는 방식을 사용하는 곳도 있다. 어떤 투자사는 임원급이나 핵심 운용인력만으로 투자심의위원을 구성하여 투표로 결정하기도 한다. 이 경우 투표권이 없는 일반 심사역들은 의견만 개진한다. 간혹 익명으로 투표와 평가를 진행하는 곳도 있다.

투자사의 담당자와 미리 협의하였더라도 기업가치나 투자 금액과 같은 주요 조건들은 예비 투심위에서 조정될 수도 있다. 사전 협의된 기업가치가 과하다고 판단되면 기업가치를 조정한다. 조정된 제안을 스타트업이 수용한다는 전제로 예비 투심위를 통과시킬 수도 있다. 이때 스타트업이 조정된 기업가치를 수용하기 힘들다면 해당 투자사와의 투자유치 협의는 종료된다.

예비 투심위 또한 시장의 수요와 공급에 영향을 받는다. 비슷한 시기와 비슷한 시장에 또 다른 매력적인 스타트업이 존재한다면 투심위에서 기업가치 등에 대한 조정이 발생하거나 투심위 통과가 어렵게 될 수도 있다.

3) 본 투심위

예비 투심위를 통과한 후 투자사의 담당자는 예비 투심위에서 나온 우려 사항과 보강해야 할 부분을 보완하여 다시 본 투심위 준비를 한다. 본 투심위는 예비 투심위처럼 전체 심사역과 임원진이 참석하거나, 일부 투심위 위원들이 참석하여 심층적인 토론을 한다.

공식적으로는 본 투심위 이전에 펀드 출자자들에게 투심위 진행 사항에 대한 보고가 있어야 하며, 본 투심위에 펀드 출자자가 참석하는 경우도 있다. 보통의 본 투심위는 예비 투심위의 의견에 따라 보강된 부분과 실사 결과 위주의 짧은 브리핑 이후에 본격적인 논의가 진행된다. 실사 결과나 기타 특별한 이슈가 없으면 본 투심위는 자동으로 통과되는 형식적인 절차에 가까운 경우도 있다. 그리고 투자결정위원회(투결위)의 절차를 추가로 가지는 투자사도 있다.

의사결정 과정 역시 투자사마다 다르지만 보통은 투자심의위원들의 투표로 결정된다. 그리고 일부 투자심의위원은 거부권을 행사할 수 있는 제도가 있기도 하고, 드물지만 참석자들의 의견을 참고하여 대표 단독으로 결정하는 경우도 있다.

실사 과정에서 심각한 문제가 발견되거나, 세부 계약서 문구에 스타트업과 투자사와 간의 이견이 생겨 투자계약이 무산되는 경우를 제외하면 본 투심 위를 통과하면 대부분은 계약까지 진행될 가능성이 크다. 투자사별로 투심위 관련 절차와 일정, 그리고 투자의사 결정 구조가 다르다. 투자유치 진행 전에 투자사의 담당자에게 미리 문의하여 준비하는 것이 필요하다.

4) 투자 실사 점검 사항

투자 실사(Due Diligence)는 예비 투심위 이후 본 투심위 이전에 진행하는 경우가 일반적이지만, 본 투심위 후에 진행할 때도 있고 드물게는 예비 투심위 전에 미리 진행하는 경우도 있다.

투자 실사 중 투자 결정과 관련된 중요한 이슈가 공개될 수 있다면, 실사 전 담당 투자 담당자와 사전 커뮤니케이션을 통해 불필요한 오해 요소를 줄이는 것이 향후 신뢰 구축을 위해 중요하다. 실사 과정 중에서 요구 되는 여러 자료들은 투자유치를 위해서도 중요하지만 기업경영 관리 차원에서도 상시 준비를 해 두어야 한다.

투자사는 스타트업에 대한 세밀한 실사를 위해 회계법인 등 외부 전문가와 함께 회계 실사를 하는 경우도 많다. 회계 실사는 1~2

주 정도의 준비 기간이 주어지며, 회계 실사 자체는 며칠 안에 종료가 된다.

일반적인 투자 실사에서는 대체로 다음과 같은 사항을 점검한다.

구분	내용
일반서류	사업자등록증, 정관, 법인 등기부등본, 주총 및 이사회 의사록 등 행정 관련 서류
재무관련	재무제표, 부채현황, 통장 사본, 세금완납증명, 부가세 신고서, 세무 조정계산서 등
투자관련	주주명부, 기존 투자 계약서, 주주간 협의서, 스톡옵션 명세서 등
조직관련	조직도, 인사계약서, 급여체계, 4대보험 가입서류 등
사업관련	인허가 조건 서류, 제휴 계약서, 외주 계약서 등
IP관련	상표권, 특허권 등록·출원 현황, 코딩 소스 저작권 등
기타	현재 소송 여부, 정부 규제 리스크 등

표31. 투자 실사 점검 사항

실사 과정에서 큰 문제가 발견되면 투자유치에 문제가 될 수도 있다. 그렇지만 다른 관점에서는 평소에 못 챙겼던 부분들을 잘 정리할 수 있는 계기가 된다. 스타트업은 이 과정 자체를 잘 준비하고 경영에 도움이 되는 방안으로 활용할 필요가 있다.

3. 투자유치 진행 시 유의사항

① 기업가치 협상

스타트업 입장에서는 높은 기업가치로 투자를 받고 싶어 하지만, 투자자가 정하는 적정 기업가치는 스타트업이 희망하는 기업가치보다 낮을 가능성이 크다. 따라서 이 과정에서 협상이 필요하다. 스타트업은 성장 가능성과 긍정적인 시장 상황 등을 근거로 자신들의 사업이 매력적이라고 어필할 것이다. 투자자는 예상되는 리스크와 미래 성장의 한계 가능성을 상정하여 신중하게 판단하려 한다.

② 투자금액이 기업가치 보다 먼저다.

보통은 투자사의 담당자와의 첫 미팅 때 희망하는 투자 금액부터 이야기하는 것이 상호간에 좋다. 투자자는 스타트업의 희망 투자 금액을 기반으로 예상되는 지분 희석을 고려해 대략적인 기업가치 범위를 추정한다.

③ 적정 기업가치보다 너무 높지 않아야 한다.

스타트업이 원하는 기업가치와 투자자가 생각하는 적정 기업가치는 시작점부터 차이가 있을 수밖에 없다. 협상을 통해 이러한 차이를 점차 좁혀간다. 그러나 스타트업과 투자자 간의 기업가치 차이가 2~3배 정도 나고 스타트업이 이에 대한 차이를 줄이려는 의지가 없을 경우, 투자자는 투자를 단념할 수 있다. 그렇기 때문에 스타트업은 시장 내에서 자신의 스타트업에 대한 기업가치를 냉정하게 따져 봐야 한다.

④ 높은 기업가치가 다 좋은 건 아니다.

스타트업이 기업가치를 높이기 위해 협상하는 것은 투자자 입장에서도 당연하다고 생각한다. 스타트업의 의견이 기업가치 주장에만 너무 집착할 경우 투자사의 담당자는 스타트업 창업자가 합리적인 판단을 하고 있는지, 투자 이후 동반자로 함께 갈 수 있는지에 대한 의문을 가질 수 있다. 스타트업 입장에서도 기업가치를 높이는 데만 집착하다 보면 필요한 조력을 제공할 수 있는 투자자를 놓칠 수도 있다. 더 나아가 투자유치 과정과 기간이 길어지면 본연의 경영 업무에 집중할 수 없어 예측하지 못한 경영상의 다양한 문제가 생길 수 있다. 또한, 후속 투자유치를 위한 기회를 놓칠 수 있다는 점도 명심하자.

03

스타트업 투자계약서 작성 시 유의사항

1. 다양한 자금조달 유형 비교

　스타트업을 운영하는 데 있어서 자금 수혈은 필수적이다. 기존 주주로부터 자본금을 조달하여 자기자금조달을 하는 것에는 한계가 있기 때문에 주식을 팔면서 투자유치를 하거나, 외부에서 차용하는 부채자금조달을 해야 한다.
　부채자금조달은 은행, 중소벤처기업진흥공단 등 금융기관 및 가족, 친지, 지인 등을 상대로 자금을 빌리고 갚는 것으로 금전소비대차에 해당한다. 신용 또는 담보 제공, 이자율, 상환기간, 중도상환가부 및 수수료, 기타 특약이 있는지 검토하여 차입 여부를 결정하면 된다.

자금을 빌리고 갚는 것이 아닌 조달방법으로는 크게 상환의무 없는 정부지원금이나 증여가 있고, 가장 일반적인 것으로는 구주 매각이나 신주발행을 통한 투자유치의 자금조달 방식이 있다. 투자의 법적 정의는 다음과 같다.

> 벤처투자촉진에 관한 법률 제2조(정의) 이 법에서 사용하는 용어의 뜻은 다음과 같다.
> 1. "투자"란 다음 각 목의 어느 하나에 해당하는 것을 말한다.
>   가. 주식회사의 주식, 무담보전환사채, 무담보교환사채 또는 무담보신주인수권부사채의 인수
>   나. 유한회사 또는 유한책임회사의 출자 인수
>   다. 중소기업이 개발하거나 제작하며 다른 사업과 회계의 독립성을 유지하는 방식으로 운영되는 사업의 지분 인수로서 중소벤처기업부령으로 정하는 바에 따른 지분 인수
>   라. 투자금액의 상환만기일이 없고 이자가 발생하지 아니하는 계약으로서 중소벤처기업부령으로 정하는 요건을 충족하는 조건부지분인수계약을 통한 지분 인수
>   마. 그 밖에 가목부터 라목까지의 방식에 준하는 것으로서 중소벤처기업부장관이 정하여 고시하는 방식

표32. 투자 법적 정의

벤처투자촉진에 관한 법률에서 말하는 '투자'는 크게 회사가 ① 주식연계형 사채를 발행하고 그 사채를 취득하여 사채권을 얻는 절차(채권적 투자)와 ② 주식을 발행하고 투자자가 그 주식을 취득하여 주주권을 얻는 절차(자본적 투자)로 구분된다.

회사 입장에서 투자자가 사채권자가 되는 것과 주주가 되는 것의 차이는 회사가 사채를 발행하면 사채권자에게 이자 지급과 원금상환의 의무가 있으나, 주식을 발행하면 그러한 의무가 없다는 것이다. 그러나 투자계약서를 통해서 사채권자에게도 경영에 관여할 수 있게 하거나 주식으로 변할 수 있는 옵션을 추가할 수 있다. 반대로 주주의 지위도 상환전환우선주 등 종류주식을 발행한 경우 사채와 비슷하게 상환이익을 넣어 이자 지급 및 원금상환 의무를 추가하는 형태가 되기도 하여 투자계약 내용에 따라 양자간 벽이 허물어지게 된다.

2. 채권적 투자, 전환사채, 신주인수권부사채, 교환사채, SAFE

채권적 투자로서 사채인수 방식은 국내 대부분 향후 사채 발행회사의 주식으로 전환할 수 있는 권리가 인정되는 전환사채(Convertible Bond, CB)와 회사가 신주를 발행할 경우 우선하여 인수할 수 있는 신주인수권을 부여하는 신주인수권부사채(Bond with Warrant, BW)가 많이 활용되고 있다. 교환사채(Exchangeable bonds, EB)는 사채발행 조건으로 회사 소유 주식이나 그 밖의 유가증권으로 교환할 수 있는 조건을 붙인 사채이다.

투자자는 전환사채를 가진 경우 일정 기간 이자 수입을 얻다가 주가 상승이 예상되는 경우 사채를 주식으로 전환할 수 있다. 투자자가 신주인수권을 가진 경우에는 신주인수권을 행사하여도 채권

자체는 소멸하지 않고 낮은 표면이율로 발행된 주식을 인수할 수 있게 된다. 그렇기 때문에, 일정 이자를 받고 만기에 사채금액을 상환받으면서, 동시에 주가가 투자자에게 유리하면 신주인수권을 행사할 수 있다. 전환사채나 신주인수권부사채를 활용할 경우, 스타트업 입장에서는 지분에 대한 통제권을 유지하면서 자금을 조달할 수 있어서 지분 희석을 방지할 수 있고, 투자자 입장에서는 다양한 환경에서 자신의 채권이 보호되고 전환권이나 신주인수권을 활용하여 불확실성을 통제할 수 있다.

조건부지분인수계약 SAFE(Simple Agreement for Future Equity)는 가치평가(Valuation)가 어려운 초기 스타트업의 경우 복잡한 가치평가과정을 축소하고 전환시점을 약정하지 않으며 먼저 투자금이 지급된 후에 후속 투자 시 확정된 가치평가에 따라 투자자가 취득하게 될 지분을 보장받는 것이다. ①가치평가상한(Valuation Cap), ② 할인율(Discount Rate)을 정하여 미래에 지분을 취득할 수 있는 권리로 표32의 법 라목에 2020년 도입되었다. 법령상에는 보다 더 구체적으로 SAFE 계약 체결 시 주주전원의 동의와 SAFE 투자 이후 지분변동 시 고지의무를 명시하였다.

SAFE는 만기상환의무나 이자 약정 등이 없기 때문에 채무 요소가 없어 부채나 채권적 투자로 볼 수는 없고 신주발행을 동반하지만 후속 투자 시 청구할 수 있는 권리에 불과하기 때문에 유가증권이라 볼 수도 없어서 법적 불완전성이 있었지만, 최근 법 도입으로 불안이 어느 정도 해소된 것으로 보인다.

> 벤처투자촉진에 관한 법률 시행규칙 제3조(조건부지분인수계약의 요건)
>
> 법 제2조제1호라목에서 "중소벤처기업부령으로 정하는 요건"이란 다음 각 호의 요건을 말한다.
>
> 1. 투자금액이 먼저 지급된 후 후속 투자에서 결정된 기업가치 평가와 연동하여 지분이 확정될 것
> 2. 조건부지분인수계약에 따른 투자를 받는 회사가 조건부지분인수계약의 당사자가 되고, 그 계약에 대해 주주 전원의 동의를 받을 것
> 3. 조건부지분인수계약을 통해 투자를 받은 회사가 자본 변동을 가져오거나 가져올 수 있는 계약을 체결하는 경우 조건부지분인수계약이 체결된 사실을 해당 계약의 상대방에게 문서로 고지할 것

표33. 조건부지분인수계약의 요건

3. 자본적 투자, 보통주, 우선주

국내 벤처투자 업계는 사채보다는 보통주와 상환전환우선주 투자가 대부분이다.

'보통주'는 주주총회 의결권 및 이익배당을 받을 권리가 있는 것으로 투자금 회수 측면에서 상환권이나 전환권이 없으므로 비상장 주식의 투자자가 보통주를 가지고 투자금을 회수할 방법은 매수한 보통주를 매각하는 것뿐이어서 사실상 Exit가 거의 불가능하여 스타트업 입장에서는 유리한 주식이다. 반면 투자자로서는 회사가 성장하지 못하는 경우 손실 위험이 크고, 이익 배당에 확정적인 지위 보장이 없어 투자금 회수 방법이 묘연하기 때문에 불리하다.

상법은 보통주식과 주주평등원칙의 예외로 주주권의 내용을 달리 정할 수 있는 종류주식을 발행할 수 있게 하였고, 종류주식에는 우선주, 상환주, 전환주 등이 있으며, 이들을 합쳐서 상환전환우선주가 있다.

'우선주'는 보통주와 비교하여 이익배당이나 잔여재산분배, 주주총회에서의 의결권 행사, 상환 및 전환에서 우선적 지위가 부여된 주식이다.

'상환주'란 장차 회사가 이익으로 소각할 것이 예정된 종류주식을 말하는데, 일시적인 자금조달 필요상 신주(상환주)를 발행하지만 미래에 이익이 생기면 쉽게 소각하여 회사의 재정 부담을 덜고자 한 것이다.

'전환주'란 전환주로 발행된 어느 종류주식으로부터 다른 종류주식으로 전환할 수 있는 권리가 부여된 것으로, 일반적으로 보통주로 전환할 수 있는 권리가 부여되어 투자자는 안정적으로 우선배당을 받다가 회사가 성과가 좋아져 주가가 상승하면 보통주로 전환하여 시세차익을 얻는 장점이 있다.

4. 상환전환우선주 발행과 인수

상환전환우선주(Redeemable Convertible Preference Shares, RCPS)는 상환과 전환에서 보통주보다 우선적인 권리를 가져 금전

상환도 가능하고, 보통주식으로 전환도 가능한 주식이다. 시리즈 A 이상의 투자를 받을 때, 투자자는 추후 투자금 회수를 용이하게 하기 위해 대부분 상환전환우선주 발행과 인수 방식으로 투자로 진행된다.

5. 투자계약서 작성시 유의사항 (상환전환우선주 RCPS)

투자자가 회사에 투자를 하게 되면 투자자와 회사 사이에 투자계약서(주식인수계약서; SPA, Share Purchase Agreement) 또는 사채인수계약서)를 체결하고, 기존 주주와 새로 주주가 될 투자자 사이에는 권리관계 조정을 위하여 주주 간 합의서(SHA, Share Holder's Agreement)를 함께 혼용하여 작성한다. 계약서의 내용은 사적 자치의 영역으로 되도록 상법을 준수하여야 할 것이나 주주 간의 필요성에 따라 적극적으로 다양한 형태의 약정을 체결할 수 있다.

주식인수계약서에는 제목, 전문·종결문, 계약체결일, 당사자 특정, 이해관계인 특정, 계약목적, 계약의 준수의무, 신주의 발행 및 인수, 투자의 선행조건, 거래완결 전 해제, 거래의 완결, 종류주식(상환전환우선주)의 내용, 회사의 진술보장, 계약의 종료, 분쟁의 해결, 관할, 준거법을 기본적으로 규정하고, 나머지 사항이나 특약이 있는 경우 주주 간 계약서에 반영하여 체결하는 방식을 많이 채택한다.

주식인수계약 체계 예시

제1장 신주의 인수에 관한 사항
  제1조 신주 발행 사항
  제2조 투자 선행조건
  제3조 진술보장
  제4조 거래의 완결
  제5조 거래완결일 전 해제

제2장 종류주식의 내용
  제6조 의결권
  제7조 배당 우선권
  제8조 청산잔여재산분배 우선권
  제9조 전환권
  제10조 상환권
  제11조 신주인수권

제3장 거래 완결 후 회사 경영에 관한 사항
  제12조 투자금의 용도제한, 실사약정
  제13조 기술 이전, 양도, 겸업 및 신회사 설립 제한
  제14조 임원의 지명, 퇴사제한, 경업금지
  제15조 경영사항에 대한 동의권 및 협의권
  제16조 보고 및 자료제출 의무
  제17조 증자 참여의 우선권
  제18조 기업공개(IPO) 및 M&A에 관한 사항
  제19조 주식매수선택권의 부여
  제20조 주주총회 및 이사회 개최요구
  제21조 회계 및 업무감사, 시정조치

제4장 거래완결 후 지분의 처분에 관한 사항
  제22조 투자자의 주식지분
  제22조의 2 이해관계인의 우선매수권(선택)

제22조의 3 이해관계인의 주식매수권(Call Option)(선택)

제23조 이해관계인의 주식처분

제24조 투자자의 우선매수권(Right of First Refusal) 및
공동매도참여권(Tag-along)

제5장 계약위반 책임

제25조 주식매수청구권

제26조 위약벌 및 손해배상청구

제27조 지연배상금

제28조 이해관계인의 책임

제6장 계약의 일반사항

제29조 본 계약의 효력

제30조 계약의 종료

제31조 계약의 내용변경

제32조 권리 및 의무의 양도, 승계

제33조 통지

제34조 비밀유지

제35조 세금

제36조 일부 무효

제37조 준거법, 분쟁해결, 관할

제7장 특약사항

제38조 특약사항의 내용 및 효력

표34. 주식인수계약 체계 예시

① 신주발행과 인수

신주발행과 인수에 관하여는 신주의 종류, 신주의 수, 기 발행주식의 수, 1주의 금액, 본건 발행에 따른 우선주식의 1주 당 발행가

액, 총 인수대금, 납입기일에 명시하는 것이 기본이다.

② 투자의 선행조건

투자의 선행조건은 투자자가 자금 지급에 필요한 투자 선행조건을 제시하여 설정된다. 일반적으로 제시되는 조항은 아래와 같다.

---

1. 회사 및 이해관계인은 본 계약에 따른 의무를 이행해야 한다.
2. 회사 및 이해관계인이 본 계약상 한 진술보장이 진실되고 정확해야 한다.
3. 본 계약상 투자자가 인수하기로 한 종류주식의 발행을 금지하거나 제한하는 등 계약이행을 방해하는 소송, 기타 절차(행정절차, 감사 등 포함)가 진행중이거나 진행될 우려가 없어야 한다.
4. 회사가 본 계약의 이행과 관련하여 필요한 정부의 인허가 등을 획득해야 한다.
5. 회사가 본 계약의 이행에 필요한 제3자의 동의 등을 획득해야 한다.
6. 회사가 본 계약의 이행에 필요한 회사 내부 절차(정관 및 내부규칙변경, 주주총회 결의, 이사회 결의 등 포함)를 이행해야 한다.
7. 회사가 투자자의 동의 없이 정한 정관 및 내부규칙을 변경하거나 투자자와 협의없이 이사회 결의, 주주총회결의를 하지 않아야 한다.
8. 회사가 본 계약의 체결 이후 자본구조, 경영상태, 재무상황의 통상적이지 않은 변동 내지 부정적 변동, 통상적인 영업활동에 벗어난 행위를 하지 않아야 한다.
9. 회사가 이해관계인 및 이해관계인이 아닌 경업금지의무자로부터 퇴사제한 및 경업금지 약정서에 서명날인을 받아 투자자에게 교부해야 한다.

표35. 투자의 선행조건

③ 진술 및 보장

진술 및 보장은 별지로 따로 정하여 이를 위반할 경우 계약을 해지하고 손해배상을 하기로 합의를 한다. 회사가 진술과 보장을 하게 되므로 그 내용이 많을수록 회사에는 부담이 될 수 있다. 위반사항이 발견된 경우 회사가 위반사항을 계약 체결 당시 알았는지와 관계없이 손해배상을 하기로 합의한 것으로 보아 손해배상금을 지급해야 하고, 회사가 묵시적으로 기망하여 진술 및 보장과 다른 사실관계를 숨긴 것으로 확인되는 경우 형사상 사기죄의 죄책을 면하기 어려우므로 주의해야 한다.

④ 거래완결 전 해제

거래완결 전 해제는 계약 체결일과 주금 납입일 사이의 일정 기간 동안 투자를 유지할 수 없는 부득이한 사정이 발생한 경우에는 계약을 해제할 수 있게 하는 것이다. 주금납입 이후에는 회사법상 자본충실의 원칙에 따라 계약을 해제할 수 없고, 상법 제429조에 따른 신주발행무효의 소를 제기하여 신주발행일 6개월 이내에 법원을 통해 해소하는 방법밖에 없다. 거래완결 전 해제 사유 예시는 다음과 같다.

> 1. 당사자들이 상호 합의하는 경우
> 2. 일방 당사자가 본 계약에서 정한 의무를 위반하거나 제*조에서 정한 진술과 보장 사장에 허위 또는 오류가 발견되어 상대방으로부터 통보를 받았으나 이를 [5]일 이내에 치유하지 못하는 경우
> 3. 선행조건 불충족 기타의 사유로 거래완결이 [ ]년[ ]월[ ]일까지 이루어지지 아니하거나 선행조건이 충족될 수 없는 것이 확실해진 경우

표36. 거래완결 전 해제 사유 예시

⑤ 전환권

전환권은 전환기간 및 전환방법, 전환비율에 관한 사항을 규정하고, 특히 전환비율의 경우 추가 투자를 받을 때 이전 투자자의 주식가치가 희석되는 것을 방지하기 위해 리픽싱 규정을 두어 희석화 방지 조항을 포함시키는 것이 일반적이다.

⑥ 상환권

상환권은 상환청구권의 청구기간, 상환조건(회사의 이익잉여금 한도 내에서만 상환 가능), 상환방법, 상환금액(일반적으로 본 건 종류주식 발행일부터 상환일까지 지급된 배당금은 차감한 뒤 계산), 지연배상금 등을 규정한다. 상환권은 기업에게는 불리한 조항으로 상환의무는 전년도 승인된 재무제표 기준으로 상환이익이 있는 경우에만 상환의무를 부담하고, 상환이익이 없을 경우 상환의무를 부담하지 않으며, 상환이익이 나는 경우 상환청구를 하지 않고

다른 이익을 노릴 여지가 있긴 하므로 회사와 투자자 간 긴밀한 협의가 필요하다.

⑦ 신주인수권

신주인수권은 본건 종류주식이 보통주와 동등한 지위를 갖는 신주인수권이 있으며, 무상증자의 경우 같은 종류의 종류주식으로, 유상증자의 경우 회사가 발행키로 한 종류주식으로 배정받을 권리가 있다는 취지로 규정한다.

⑧ 투자금 용도 및 제한

투자금 용도 및 제한은 투자자가 투자 동기에 따라 투자 계약 시 정했던 용도에 따라 사용되고 있는지 사후 관리해야 하는데, 이를 확인하기 위해 용도 실사를 진행하는 것이다. 용도와 다른 사용이 발생한 경우 대표이사 또는 이사회에 횡령배임 및 이사의 손해배상책임 이슈가 발생하게 되는 민감한 이슈이다. 투자금 실사는 펀드 운용사의 출자자에 대한 의무이기도 하여 조정이 어려운 조항이다.

⑨ 이해관계인의 우선매수권, 주식매수권(Call Option)

투자자가 매도한 주식을 다시 매수하는 것은 자유임이 원칙이다. 그러나 투자자가 경쟁사나 적대적인 자에게 주식을 처분하는 경우 경영에 부정적인 영향이 있을 수 있으므로 투자자가 주식을 처분할 경우 이해관계인 또는 그가 지정하는 자가 우선 매수할 수 있게 하는 권리가 이해관계인의 우선매수권이다. 이에 앞서서 일정 부분 투자자가 보유한 주식을 매도할 을 청구할 수 있는 권리, 즉 이해관계인의 주식매수권(Call Option)을 달라는 청구를 약정하기도 한다.

⑩ **투자자의 우선매수권**(Right of First Refusal), **공동매도참여권**(Tag Along), **동반매도요구권**(Drag along)

반대로 투자자가 이해관계인의 주식 처분을 제한하는 성격으로, 투자자의 우선매수권(Right of First Refusal)과 공동매도참여권(Tag Along), 동반매도요구권(Drag along)이 있는데 동반매도요구권의 경우 이해관계인에게 불리한 대표적인 독소 조항이므로 주의해야 한다. 투자자의 우선매수권은 이해관계인이 제3자에게 주식을 매각할 때 매각 조건을 명시하여 투자자의 동의를 구하여야 한다. 반면, 투자자는 이에 대해 동의 또는 거절을 하거나 매각 조건으로 해당 주식을 우선매수하여 직접 또는 투자자의 특수관계인이 매수할 수 있도록 하는 것이다.

공동매도참여권은 이해관계인이 거래하려고 하는 매수 의향자에게 투자자 역시 함께 동일한 조건으로 주식을 매수할 수 있는 권리로 대주주의 주식 처분에 편승하여 함께 투자금을 회수한다는 취지이다. 이와 반대로 투자자가 주식을 처분할 때 이해관계인의 주식도 함께 처분할 수 있는 권리, 즉 '함께 끌어와 팔 수 있는 권리'로서 합리적인 이유 없이 거절권이 제한되어 경영권에 지나친 간섭이 발생할 수 있으므로 협의를 잘해야 할 것이다.

⑪ 이해관계인의 책임; 주식매수청구권, 연대보증

이해관계인의 책임 조항은 이해관계인에게 본 계약상 의무를 회사와 연대하여 이행하도록 하는 것이다. 그 중 주식매수청구권은 본 계약을 회사 또는 이해관계인이 위반하거나 특정 사유가 발견되어 이를 다시금 치유하지 못할 경우 투자자가 회사 또는 이해관계인이 보유하고 있는 주식을 매수할 것을 청구할 수 있도록 하는 권리이다. 주식매수청구권의 행사 범위가 너무 광범위할 경우 사실상의 이해관계인에 대한 연대보증책임을 부담시키는 것과 동일할 수 있어 협의하여 조정할 필요가 있다.

연대보증약정은 계약 위반 시 손해배상의무를 이해관계인에게도 회사와 연대하여 배상하게 하는 것으로, 연대보증을 하고 사업이 생각처럼 잘되지 않는 경우 이해관계인의 부담으로 가계 경제가 부실해지고 다시 창업에 도전하기 어렵게 될 수 있다. 따라서 그 범위를 제한하는 것이 타당하다는 사회적 요구가 있으나 실무에서는 연대보증도 많이 이뤄지고 있으니 매우 유의하여야 한다.

04

투자금 확보를 위한 사업계획서 수립 방법

1. 사업실행을 위한 경영전략 수립

경영전략은 조직의 목표 및 목적을 달성하기 위한 방향성을 공유하고, 그것을 실현하기 위한 세부방안을 수립하는 것이다. 경영전략을 수립하기 위해서는 조직 내부의 요인 및 외부의 요인을 파악하고 그 요인들에 대한 대응 방안이 포함되어 있어야 한다. 경영전략은 다음과 같은 역할을 한다.

① 조직의 목표 및 목적을 조직 구성원에게 공유한다.
② 조직의 목표 및 목적 달성에 대한 방향성과 수단을 이해하고 실행하게 한다.

③ 조직의 목표 및 목적을 달성해가는 과정 및 결과 관리가 가능하다.(Plan - Do - See)

구분	항목	내용
내부요인	인력운영 현황	인력구성, 인력의 역량, 교육 콘텐츠 및 교육 현황
	재무 현황	재무현황, 자금조달 현황, Exit 방안
	제품력 현황	기술력, 생산력, 생산거점, 원가 및 수익, 판매력
외부요인	시장 현황	고객의 Needs 및 Wants, 트렌드
	경쟁사 현황	경쟁사의 전략 및 제품력, 경쟁사 대비 강·약점
	법규 사항	사업관련 법적 규제 및 지원 정책

표37. 경영전략 수립 시의 검토 요인

2. 경영전략 수립을 위한 분석 Tool

경영전략 수립을 위한 가장 대표적인 Tool에는 SWOT분석, 3C분석, STP분석이 있다. 이러한 경영분석 Tool은 병원의 MRI검진과 같다. MRI는 모든 환자를 상대로 하는 검진 수단으로 활용하지만 그 검진의 결과는 환자별로 다르다. 이와 같이, 경영분석 Tool에 의해 수립된 전략 역시 기업 및 사업의 형태에 따라 결과물이 달라진다. 기존의 기업과 스타트업의 전략 수립 Tool이 다른 것이 아니라 전략 수립의 내용물이 달라지는 것이다. 이에, 다음에 언급된 경영분석 Tool이 기존의 기업을 위한 것이라는 생각에서 벗어나 스타트업도 적극적으로 활용하길 바란다.

1) SWOT 분석

SWOT 분석을 활용한 다음과 같은 질문을 통해 자사의 현황을 파악하고 자사가 취할 전략방안을 수립할 수 있다.

- Strengths (강점 요인)
·경쟁사 대비 경영력과 제품의 강점은 무엇인가?
·인적 자산, 자금력, 기술력, 생산력, 공급망 등의 강점은?
·고객(투자자, 사용자 등)의 마음을 얻을 수 있는 것은?

- Weakness (약점 요인)
·경쟁사 대비 경영력과 제품의 약점은 무엇인가?
·인적 자산, 자금력, 기술력, 생산력, 공급망 등의 개선 사항은?
·고객(투자자, 사용자 등)의 마음을 얻기 위해 보완해야 할 사항은?

- Opportunities (기회 요인)
·내부의 기회 요인(인력·자금·기술 확보 등)은?
·외부의 기회 요인(법규완화, 경쟁사 상황, 시황 등)은?
·조직이 활용할 수 있는 기회 요인은 무엇인가?

- Threats (위협 요인)
·내부의 위협 요인(기술력 및 제품력 미흡 등)은?
·외부의 위협 요인(법규 강화, 경쟁사 제품력 향상, 금리 인상 등)은?
·조직이 극복해야 할 위협 요인은 무엇인가?

SWOT분석

강점요인	■ 경쟁사 대비 경쟁 우위 - 제품의 기능이 우수 - 우수인력 확보 - 공급망이 안정적	■ 경쟁사 대비 경쟁 열세 - 가격 경쟁력 미흡 - 제품개발 비용 부족 - 불량률이 높음	약점요인
기회요인	■ 외부환경의 기회요소 - 투자자 확보 - 고객의 자사 선호도 증가 - 사업관련 법규 완화	■ 외부환경의 위협요인 - 경쟁사 신제품 출시 - 금리 인상 - 미국의 수입규제 강화	위협요인

표38. SWOT 분석 항목

상기와 같이 SWOT 분석을 한 후 각 SWOT 분석 항목을 조합하여 최종적으로 어떤 전략을 수립할지 방향성을 정하도록 한다. 이를 SWOT MIX 전략이라고 하겠다.

SWOT MIX 전략

구분		내부 요인	
		Strengths	Weakness
외부 요인	Opportunities	SO Strategy 내부 강점+외부 기회	WO Strategy 내부 약점+외부 기회
	Threats	ST Strategy 내부 강점+외부 위협	WT Strategy 내부 약점+외부 위협

표39. SWOT MIX 전략

SO Strategy 분석 내용은 반드시 전략적으로 실행해야 할 내용이다. WO Strategy 분석은 외부의 기회를 활용하기 위한 내부의 약점을 보완하는 전략 수립에 활용한다. ST Strategy 분석은 내부의 강점을 활용하기 위한 외부의 위협 요소 극복 방안을 수립하는 데 활용한다. WT Strategy 분석을 통해 약점 및 위협 요인을 최소화하기 위한 해결 방안을 수립하여야 한다.

2) 3C 분석

3C 분석은 자사의 내부 분석, 경쟁사 분석, 고객 분석을 위한 Tool로 활용한다. 3C 분석을 통해 자사의 현실적인 세부 현황을 파악하고, 경쟁사 대비 강약점을 찾으며, 자사 고객의 현황과 특징을 알 수 있게 된다.

- Company (자사의 내부 분석)
·경영 역량(인적자원의 현황, 자금 현황 및 조달 능력 등)을 분석한다.
·생산 역량(기술력, 생산기반 역량, 제품성 등)을 분석한다.
·판매 역량(공급 역량, 마케팅 역량, 판매인력 및 판매망 등)을 분석한다.

- Competitor (경쟁사 현황분석)
·경쟁사의 경영 방향성이 무엇인지 파악한다.
·경쟁사 제품의 장단점 및 경쟁사 제품에 대한 고객반응을 파악한다.
·경쟁사의 법규 및 시황에 대한 대응 상황을 파악한다.
·미래의 경쟁사 및 추후 시장에 진입할 경쟁사 현황을 파악한다.

- Customer (고객분석)
·투자자의 투자성향을 파악한다.
·창업을 하려는 제품에 대한 고객의 Needs와 Wants를 파악한다.
·창업을 하려는 제품의 시장 규모 및 이익 실현 가능성을 파악한다.

3) STP 분석

STP는 시장 세분화(Segmentation), 표적시장 선정(Targeting), 자사의 위상 정립(Positioning)을 위한 전략수립 Tool이다.

- Segmentation (시장 세분화)

Segmentation을 통해 어느 시장에서 창업을 해야 하는지와 그 시장에서의 자사 경쟁우위 요인을 확인할 수 있다.
- 자사 제품에 대한 구매 수요를 가지고 있는 시장은 어디인가?
- 지리적 요인, 성별 요인, 연령별 요인, 심리적 요인 등으로 고려하여 시장을 세분화하고, 세분화한 시장별 특성을 분석한다.

- Targeting (표적시장 선정)

Targeting을 통해 표적시장 세분화를 하고, 세분화된 시장들 중 자사의 전략 실행 및 자사 제품 판매를 위한 가장 적합한 시장을 찾는다. 이를 위해서는, 시장의 규모(매출 달성), 이익의 규모(이익 실현), 시장의 지속성(고객의 증가), 법적인 혜택(법의 규제) 등을 분석하고 파악해야 한다.
- 세분화한 시장 중에서 자사의 제품 특성과 경쟁사와의 경쟁구도 등을 고려하여 타깃으로 할 시장을 선정한다.
- 타깃으로 정한 모든 고객에게 동일한 마케팅 전략을 전개할 것인지, 여러 개의 표적시장을 선정한 후 그 표적의 시장별 차별화 전략을 할 것인지 결정한다.

- Positioning (자사의 시장에서의 전략적 위치 수립)

표적시장을 선정한 후 그 표적시장에서 자사의 위상을 확인하는 것이 Positioning이다. Positioning을 위해서는 기본적으로 두 개의 기준 항목을 사용한다. 예를 들면 가격과 제품 기능이다. 가격과 제품 기능에 대한 Positioning 사례는 다음과 같다.

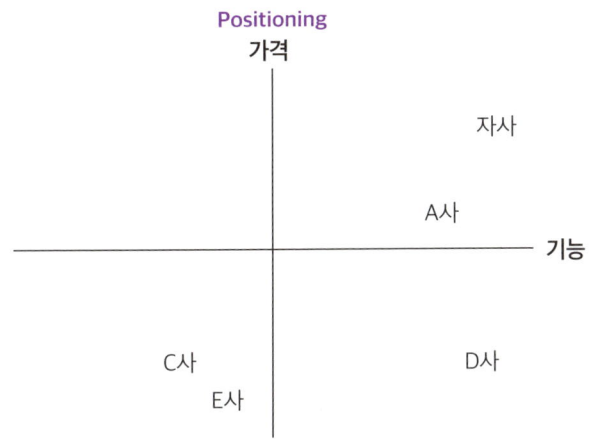

그림5. Positioning 사례

　Positioning을 통해 시장에서 자사의 전략적 위치를 정하거나, 고객들에게 자사 브랜드 및 제품에 대한 이미지를 각인시키는 전략으로 활용할 수 있다. 그림5에서 자사는 가격 및 기능면에서 경쟁사보다 높은 전략적 위치에 있도록 전략을 수립하거나, 고객들이 그렇게 자사 제품을 인지하도록 전략을 세울 수 있다.

3. 마케팅 전략 수립을 위한 기본 TOOL

　마케팅 전략 수립을 위해 가장 기본적으로 활용하는 Tool은 4P 전략(4P Mix)이다. 4P 전략은 Product(제품), Price(가격), Place(유통), Promotion(판촉)을 조합하여 마케팅 전략을 수립하는 것이다. 4P 전략은 제조업을 위한 마케팅 전략수립 Tool이며, 서비스업을 위한 7P 전략 Tool이 있다. 기존의 4P에 People(직원), Physical Evidence(물리적 요소), Process(서비스 제공 과정)를 추가한 것이다.

1) 4P 분석

4P(product, price, place, promotion)는 마케팅 믹스의 대표적인 Tool이다. 특히 제조업 마케팅 전략수립을 위한 필요 불가결한 Tool로서 인식되어 있다. 이러한 4P와 함께 서비스업에 필요한 3P를 추가한 7P에 대해서도 알아보자.

- Product (제품)
- 자사 제품의 기능 등이 타깃 고객에게 적합한가?
- 자사의 제품이 사업 초기 사용자, 성장기 사용자, 성숙기 사용자 등 각 단계별 니즈에 맞추고 있는가?
- 자사 제품의 보완할 사항은 무엇인가?

- Price (가격)
- 자사 제품의 가격이 수익을 낼 수 있는 가격인가?
- 자사 제품의 가격이 고객이 느끼는 사용가치를 갖고 있나?
- 경쟁사 제품 대비 가격 및 품질 경쟁력이 있나?

- Place (유통)
- 제품 유통망의 상황은 어떻게 구성되어 있는가?

· Off-Line, On-Line 중 어떤 유통망을 사용할 것인가?
· 물류 체계는 잘 갖추어져 있는가?

- **Promotion (판매촉진)**
· 제품의 홍보, 광고를 위한 방안은 무엇인가?
· 고객들이 가장 선호하는 Promotion Tool 및 내용은 무엇인가?
· Promotion 결과에 관한 데이터는 잘 수집 및 정리되고 있는가?

2) 7P 분석

4P는 제조업의 마케팅 믹스에 적합한 내용이다. 그러나 고객에게 직접적으로 서비스를 제공하는 스타트업일 경우 4P에 3P를 추가한 7P를 기본적으로 실행해야 한다. 추가해야 할 3P는 People, Physical evidence, Process이다. 간단히 개요를 설명하면 다음과 같다.

- **People (직원)**
· 서비스를 제공하는 직원의 태도, 자세, 언행 등은 어떤가?
· 서비스를 제공하는 직원의 전문성은 어떤가?
· 서비스를 제공하는 직원에 대한 고객 만족도는 어떤가?

- **Physical Evidence (물리적 요소)**
· 서비스를 제공하는 On·Off 환경은 고객 만족에 적합한가?
· 제품의 포장 상태, 직원의 복장(유니폼) 등은 어떤가?
· 고객의 만족도를 저하시키는 물리적 요인은 무엇인가?

- **Process (서비스 제공 과정)**
· 제품을 고객에게 배달하는 과정은 적절한가?
· 고객 불만 및 의견을 수렴하고 피드백하는 체계가 갖추어져 있나?

고객에게 직접적인 서비스를 제공하는 스타트업은 직원의 서비스 업무 전문성, CS 교육, 고객을 접하는 환경, 고객에게 서비스를 제공하는 과정에 등에 대한 체계를 추가적으로 수립해야 한다.

3) 마케팅 채널

Off-Line이 주도한 마케팅에서는 시장 확대, 대중 상대, 이익 우선, 일방향 전략이 중시되었다. 그러나 On-Line의 영향력이 커진 현 상황에서는 고객 확대 및 유지, 고객 개개인과의 관계 강화, 쌍방향 커뮤니케이션을 위한 마케팅 전략이 필요하다. B2C 스타트업이라고 한다면 반드시 고려해야 할 마케팅 전략 요소다.

오프라인		온라인		
ATL	BTL	Page	SNS	Smart
TV 신문 라디오 옥외광고	편지 전단지 간접광고 PPL POP 프로모션	클립토이스 오픈마켓 지역정보	카페 블로그 Micro블로그 Facebook Twitter metoday	카카오톡 카스토리 포스케어 QR코드

표40. 채널별 마케팅 전략요소(출처 : 전기석, 『최신 창업경영론』, 명경사, pp.273)

4. 성장단계의 이해 및 자금조달 계획 수립

1) 스타트업 성장단계에 따른 자금조달 계획

기업의 성장단계는 도입기, 성장기, 성숙기, 쇠퇴기, 재도약기 등으로 구분하며 해당 성장단계에 맞는 경영전략을 수립해야 한다. 즉, 도입기의 전략을 성장기에 적용하면 기대하는 성과를 낼 수 없기 때문이다. 스타트업도 창업 준비기, 창업 초기, 성장기, 성숙기에 따라 회사의 규모가 커지기 때문에 그에 따른 경영전략은 달라져야 한다.

성장단계	경영상황	경영전략
1. 창업준비	사업 아이디어를 검증 및 최소한의 인력 및 회사 규모	사업성 분석 스타트업 조직 구축
2. 창업단계	사업화 및 제품 생산과 판매 기반 구축 (소규모 매출, 이익 미비)	시제품 생산 고객의 반응 조사 외부 자금조달 전략 수립
3. 성장단계	성장단계에 맞는 생산 및 판매망 구축	광고 및 홍보 강화 마케팅 체계 구축 대량 생산을 위한 자금조달
4. 성숙단계	매출 및 이익 달성	성숙단계 유지 전략 수립 대규모 자금조달 계획 수립

표41. 스타트업의 성장단계별 경영 방안

자금조달 역시 스타트업의 성장단계에 따른 경영전략의 일환으로 그에 맞는 전략을 수립해야 한다. 스타트업의 성장단계에 따라서 필요한 자금의 규모가 달라지며, 그 규모에 맞는 자금 공급원이상이하기 때문이다. 스타트업의 규모, 필요한 자금을 고려한 전략, 즉, 스타트업의 자금조달은 스타트업의 수명주기를 고려하여 이루어져야 한다.

성장주기	자금형태	주요 자금 원천
1. 개발단계	씨앗 자금(종자돈)	창업가 재산 가족 및 친지
2. 창업단계	창업 금융	창업가 자산 가족 및 친지 엔젤 벤처캐피탈
3. 생존단계	1차 금융 (First round financing)	영업, 은행 벤처캐피탈 정부보조금 공급자 및 소비자
4. 고속 성장단계	2차 금융 (Second round financing) 메자닌 금융 유동화 단계 금융	영업 은행 투자은행 공급자 및 소비자
5. 초기 성숙단계	은행 대출 채권 발행 주식 발행	영업 은행 투자은행

표42. 각 성장단계별 벤처 자금조달의 유형 및 원천 (출처 : 전기석, 『최신 창업경영론』 명경사, pp.64)

10억 원 정도의 기업가치가 있는 스타트업이 주식을 발행하기 어렵고, 유니콘급의 스타트업이 소액 자금을 엑셀러레이터로부터 조달하는 것은 스타트업의 성장단계에 적합하지 않다. 스타트업이 자사의 성장주기에 맞는 자금형태 파악 및 성장단계에 맞는 자금의 원천을 아는 것은 자금조달 전략의 초석이라 할 수 있겠다.

2) 스타트업 시리즈 단계별 자금조달 방법

스타트업의 창업 기간 및 매출 성장 규모에 맞춘 투자를 시리즈 단계별 자금조달이라고 한다. 스타트업 투자관련 기사 중에 "OO은 시리즈C로 5백억 원의 투자금을 확보했다."라는 기사를 종종 접하게 되는데, 이때의 시리즈는 '시드 → 시리즈A → 시리즈B → 시리즈C → Exit'의 단계를 거쳐 자금이 투자되는 것이다. 각 시리즈별 구분은 다음과 같다.

시리즈 단계	투자금액	기업가치	주요 투자자
EXIT	수백억~수천억	수백억~수천억	IPO
④ 시리즈C (창업7년 이상)	수백억~수천억	수백억~수천억	VC 투자은행 사모펀드
③ 시리즈B (창업3~7년)	수십억~수백억	100억~수백억	VC
② 시리즈A (창업2~5년)	수억~수십억	수십억~백억	엔젤 AC(엑셀러레이터)
① 시드 (창업 전)	수천만~수억	수억~수십억	엔젤 AC(엑셀러레이터)

표43. 시드별 투자 형태 (※ 시리즈 단계별 투자금액 및 기업가치는 사례이며 고정된 것이 아님)

① 시드
- 창업 이전 단계이며 사업 아이디어를 구상하는 단계
- 기업가치가 수천에서 억 단위의 규모로 외부로부터의 자금조달이 아닌 창업자의 개인 자산 또는 지인들로부터 확보한 자금 활용

② 시리즈A

 - 사업 아이디어를 구체화하여 제품으로 생산하는 단계
- 매출 및 이익은 미비하지만 본격적으로 시장에 진입
- 전문 투자자들로부터의 자금조달이 필요해지는 단계
- 수억에서 수십억 단위의 자금조달

③ 시리즈B

- 창업 3~7년의 스타트업으로 창업 초기의 어려움을 극복하고 정착 및 성장단계로 진입
- 전문투자자들로부터 수십억에서 수백억의 투자금 확보
- 이 단계부터 투자자들의 지분이 늘어나고 그와 병행하여 의결권도 늘어난다. 이에, 창업자의 지분 비율 관리가 필요해짐

④ 시리즈C

- 창업 7년 이상으로 기업의 규모가 커진 상태, 시장의 인정을 받음
- 대형 VC, 두자 은행, 시모펀드 등의 투자가 발생
- 경영권 강화 모색, IPO 등에 관한 의사결정이 필요한 단계

창업 후 존속기간, 매출 이익이 늘어남과 동시에 투자금도 증가하지만 투자자들로부터 경영권을 지키는 방안을 모색하는 것도 필수다. 즉, 투자금을 확보하는 것만 신경을 쓰다가 투자자들의 경영

지분이 높아지고 상대적으로 창업자의 경영지분은 낮아져 결국 경영권을 상실하게 되는 과오를 범하지 않아야 한다. 투자를 받더라도 경영권을 유지할 수 있는 경영지분 확보 및 유지를 염두에 두자.

3) 창업 후 5년간의 자금조달 계획 수립방법

스타트업은 시리즈 단계별로 투자를 받는 자금형태 및 투자자의 성격이 상이하다. 각 성장단계별 투자자들의 투자 목적은 투자이익 또는 경영권 확보 등으로 나뉜다. 이처럼 다양한 투자 목적을 갖고 있는 투자자들에게 투자를 받기 위해서는 자금을 투자 받아 어떻게 활용할지에 관한 자세한 설명이 필요하다. 그러한 용도로 작성을 해야 하는 것이 자금조달 계획서이다.

자금조달계획서에는 확보한 자금을 일정기간(3~5년) 또는 스타트업의 성장단계별 소요자금 및 자금활용 방안이 포함되어야 한다. 성장단계별 소요자금 내용은 다음과 같다.

- 시드 단계 : 창업을 위한 기초 설비 구입 및 기본 운영비
- 시리즈A 단계 : 본격적인 개발 및 생산 자금, 추가 인력채용 비용
- 시리즈B 단계 : 인력 확대 비용, 생산기반 강화, 시장 개발 비용
- 시리즈C 단계 : 생산기반 및 시장 추가 확대 자금, 마케팅 비용

즉, 자신이 창업한 스타트업의 성장단계 이해와 그 성장단계에 필요한 자금규모 파악, 조달자금의 활용방안을 명확히 수립해야 한다. 투자자들은 투자를 받아 그동안 연체된 스타트업의 채무를 상

환하고, 밀린 급여와 임차료 등을 지급하는 데 자금을 활용하는 것을 염려한다. 투자 받은 자금은 투자목적에 맞추어 활용하여야 하며, 자금 사용 용도가 명확해야 투자자 입장에서도 투자 대상에 대한 신뢰도가 향상되고, 다음 성장단계에서의 추가 자금조달이 용이해진다. 또한 자금조달계획서에는 지출과 수입에 관한 내용이 포함되어야 한다. 기본적인 지출과 수입 항목은 다음과 같다.

구분	항목	항목별 세부 내용
지출	인건비	급여, 성과급, 퇴직금, 4대보험, 복리후생비 등
	행정운영비	임대자, 지급수수료, 관열비, 통신비, 자산취득 등
	사업비용	마케팅비용, 시설투자비 등
	연구개발비	연구개발 관련 직접 비용
수입	매출	제품판매, 관련 서비스 제공 등의 매출
	기타수입	이자수입, 후원금 등의 수입

표44. 기본적인 지출 및 수입 항목

스타트업의 사업내용 및 운영 상황에 따라 항목 및 항목별 내용에 차이가 발생한다. 창업자는 스타트업을 운영하는 데 발생하는 지출 및 수입 항목 등 각 항목별 세부내용을 알고 있어야 손익분기점 및 잉여자금의 현황 파악은 물론 어떤 자금을 어느 정도 투자 받아야 하는지 등에 대한 자세한 투자전략도 수립할 수 있다. 즉, 지출과 수입 현황을 바탕으로 자금조달 계획을 세우고, 그렇게 투자된 자금을 매년 어떤 항목에 얼마를 사용하면 되는지에 대한 계획을 수립한다. 물론 투자 받은 자금의 지출 항목과 각 지출 항목별 지출 금액도 자금조달 계획에 포함하여 자금집행 계획을 수립해야 한다.

비용 항목	비용산출 내역	금액
생산설비 구입 비용	A설비: 5억, B설비: 4억, C설비: 2억	1,100,000,000
원재료	원재료A: 2억, 원재료B: 1억	300,000,000
시제품 개발	1차 시제품 개발: 1억 2차 시제품 개발: 2억	300,000,000
인건비	연구직 인력 3명 × 평균연봉 6천×5년	900,000,000
마케팅 비용	2억 × 5년	1,000,000,000
총 액	-	3,600,000,000

표45. 자금집행 계획

투자금은 자금집행 계획에 맞추어 지출하는 것을 원칙으로 한다. 또한, 투자자와의 투자계획성 자금집행에 관한 내용이 있다면 그 계약 내용에 맞춰 자금을 집행해야 한다. 이와 같이 지출과 수입 현황을 파악하고 자금집행 계획을 수립했다면 다음 단계는 자금소요 및 자금조달 계획을 수립하는 것이다.

(단위: 천 원)

구분	항목	2021	2022	2023	2024	2025
지출	인건비	200,000	300,000	600,000	1,000,000	1,200,000
	행정 운영비	105,000	210,000	560,000	1,400,000	2,100,000

지출	사업비용	75,000	150,000	400,000	1,000,000	1,500,000
	연구개발비	45,000	90,000	240,000	600,000	900,000
	지출총액	425,000	750,000	1,800,000	4,000,000	5,700,000
수익	매출	1,500,000	3,000,000	8,000,000	20,000,000	30,000,000
	매출원가	975,000	1,950,000	5,200,000	13,000,000	19,500,000
	매출이익	525,000	1,050,000	2,800,000	7,000,000	10,500,000
영업이익		100,000	300,000	1,000,000	3,000,000	4,800,000
자금 조달	자기자본	200,000	200,000	200,000	200,000	200,000
	정책자금	100,000	100,000	100,000		
	AC투자		500,000	500,000	500,000	500,000
	벤처투자			1,000,000	1,000,000	1,000,000
	소계	300,000	800,000	1,800,000	1,700,000	1,700,000
잉여자금		400,000	1,100,000	2,800,000	4,700,000	6,500,000

표46. 자금소요 및 자금조달 계획
(※ 영업이익: 매출이익 - 지출총액 · 잉여자금: 영업이익 금액 + 자금조달 소계)

[산출근거]
· 인건비 : 인당 연간 인건비 50,000,000원
· 행정 운영비 : 매출의 7%
· 사업비용 : 매출의 5%
· 연구개발비 : 매출의 3%
· 매출원가 : 매출의 65%

지출금액을 산정할 경우 산정 기준이 있어야 한다. 인건비는 인당 인건비로 하고, 그 총액을 매출 대비 어느 비중으로 산정할지 검토해야 한다. 다른 항목도 매출 대비 비중으로 산정하는 것이 일반적이다. 스타트업을 운영하면서 발생하는 매출 증감에 따라 각 항목의 매출 대비 비중을 가감하여 다시 산정할 필요도 있다.

또한 매년 매출 증가와 인력 증원으로 조직이 성장함에 따라 전문가의 확보를 고려해야 한다. 창업 초기에는 CEO(Chief Executive Officer)와 CTO(Chief Technical Officer)로 충분하지만 매출이 늘어나고 재정 규모가 커지면 CFO(Chief Financial Officer)와 CMO(Chief Marketing Officer) 등을 순차적으로 영입할 필요가 있다.

〈표46〉를 보면 2023년부터 두 개의 투자자로부터 투자를 받는 것으로 되어있다. 투자자가 늘어날 경우 경영자와 기존 주주의 지분 비율이 낮아질 수 있다. 따라서 투자를 받을 때는 경영자 자신과 기존 주주들의 지분 비율을 고려해서 투자를 받아야 한다. 여러 투자자로부터 투자를 받는 경우에도 각 투자자들에게 어느 정도의 지분을 배분하고, 경영자는 경영권 방어를 위해 어느 정도의 지분을 유지해야 하는지 면밀히 검토를 해야 한다. 투자자와 투자계약을 할 경우 전문변호사에게 경영권 방어를 위한 지분 비율에 관한 조언을 듣는 것도 필요하다.

또한 〈표46〉의 자금조달 내용을 보면 정책자금 → AC 투자 → 벤처투자 순으로 자금조달 계획을 수립하였다. 정책자금은 창업을 하고 제품을 출시하는 시점, AC 투자는 본격적인 제품 출시 시점, 벤처투자는 매출이 급격히 증가하는 시점에 투자를 받는 투자기관이다. 이렇듯 여러 투자기관으로부터 자금조달을 받는 경우 스타트업의 성장단계의 목적에 맞추어 투자를 받아야 하며, 투자자들에게 자신의 스타트업이 어느 성장단계인지와 함께 투자금의 활용 목적에 대해 명확히 설명할 수 있어야 한다.

자금소요 및 자금조달 계획을 수립하기 위해서는 인력 운영, 매출 확대 방안 등에 관한 전략이 세워져 있어야 한다. 또한, 경영권 확보를 위한 지분 비율 등의 다양한 내용을 파악하고 있어야 한다.

스타트업 창업자는 주주들의 자사주식 지분을 현황을 CAP Table(Capitalization Table)로 정리해서 관리하는 것이 좋다. 스타트업의 주주 지분율은 투자를 받는 단계마다 투자자가 늘어나거나 바뀌는 등 다양한 변동이 발생하고 그에 따라 지분율도 달라지기 때문에 CAP Table 관리는 필수적이다.

주주명부 작성일: 2023.2.1							
No	성 명	연락처 (전화번호)	연락처 (이메일)	주소	계좌번호	총주식수	점유율 (지분율)
1							
2							
3							
계							

표47. CAP Table(Capitalization Table) 사례

1. 자금소요 및 자금조달
　1) 자금소요 방안
　　　☐
　　　☐
　　　☐
　2) 자금조달 방안
　　　☐
　　　☐
　　　☐

<자금소요 및 자금조달>

구분	항목	2021	2022	2023	2024	2025
지출	인건비					
	행정운영비					
	사업비용					
	연구개발비					
	지출총액					
수익	매출					
	매출원가					
	매출이익					
영업이익						
자금조달	자기자본					
	정책자금					
	AC투자					
	벤처투자					
	소계					
잉여자금						

표48. 자금소요 및 자금조달 계획서 작성 사례

5. 추정 재무제표 작성 방법

1) 추정 재무제표에 대한 이해

추정 재무제표는 스타트업의 미래 재무 현황을 예측하는 것이다. 일반적인 추정 재무제표의 목적은 기업의 미래 현금흐름 상태가 안정적인지 또는 위험성이 있는지를 예측하기 위함이다. 스타트업이 추정 재무제표를 작성하는 이유는 투자자로부터 투자를 받기 위한 것이다. 정부정책 자금이나 벤처 투자자로부터 투자금을 유치하기 위해 자신이 운영하는 스타트업의 현황을 공유하는 용도이며, 사업계획서에 반드시 포함되어야 한다.

투자자들은 투자 받으려는 특정 스타트업과 그 스타트업이 하려는 사업에 관해 잘 알지 못한다. 따라서 외부의 투자자들에 대한 재무현황을 공유해야 할 때와 스타트업 내부 경영자에게 재무현황을 보고할 때의 재무현황 내용 및 방법은 달라야 한다.

- 내부 관계자에 대한 재무현황 보고(상향식(Bottom-Up) 추정 재무제표)는 영업부서의 영업목표 및 가격, 각 비수의 비용 지출 계획 포함
- 외부 투자자에 대한 재무현황 공유(하향식(Top-Down) 추정 재무제표)는 목표 시장의 규모, 판매가, 인력소요, 개발 일정 등을 가정하여 반영

일반적인 재무제표는 회계의 복식부기를 바탕으로 한 회계 원칙에 맞추어 작성되어야 한다. 그러나 추정 재무제표는 복식부기의

원칙보다는 사업전략의 가정을 바탕으로 작성하여야 한다. 스타트업이 진입하려는 시장의 규모, 시장 진입 전략에 대한 가정을 반영하여야 한다. 이러한 전략적 가정을 복식부기 원칙으로 작성하면 사업계획서의 내용과 추정 재무제표의 숫자가 일치하지 않는 현상이 발생한다.

추정 재무제표는 사업계획서상에 반영된 전략적 가정 목표 수치가 제대로 반영되어야 한다. 추정 재무제표 작성이 완료되었으면 추정 재무제표에 사업 전략상의 수치가 정확히 반영되었는지 확인하는 것은 필수다.

2) 추정 재무제표 작성의 기본

추정 재무제표의 사전적 의미는 '추정된 수치로 작성한 재무제표, 추정 대차 대조표, 추정 손익 계산서, 추정 현금 흐름표 따위'이다.

즉, 추정 재무제표에는 추정 대차 대조표, 추정 손익계산서, 추정 현현금흐름표 등이 있다. 추정 재무제표를 작성하기 위해서는 다음과 같은 내용에 대한 추정이 필요하다.

매출 추정	재정현황 추정
- 매출액, 매출원가 - 판매비, 판매관리비 등	- 소요자금, 부채, 자산 - 영업 외 수익 및 비용 - 차입금, 현금 흐름, 잉여금 등

표49. 추정 재무제표 작성 시 추정할 사항

추정 재무제표의 사례는 다음과 같다.

추정 재무제표 작성 사례

(단위: 원)

과목	2021	2022	2023	2024	2025
Ⅰ. 매출액					
1. 상품매출					
2. 제품매출					
3. 기타매출					
Ⅱ. 매출원가					
1. 제품재고액					
2. 당기제품제조원가					
3. 기말재고액					
Ⅲ. 매출총이익					
Ⅳ. 판매비 및 관리비					
1. 급여					
2. 퇴직급여					
3. 복리후생비					
4. 임차료					
5. 광고선전비					
6. 기타					
Ⅴ. 영업이익(영업손익)					
Ⅵ. 영업 외 수익					
1. 이자수익					
2. 유형자산처분수익					
3. 기타					
Ⅶ. 영업 외 비용					

1. 이자비용					
2. 기부금					
3. 기타					
VIII. 법인세비용 차감전 순이익					
IX. 법인세 비용					
X. 당기 순이익					

표50. 추정 재무제표 작성 사례

추정 재무상태표

(단위: 원)

과목	2021	2022	2023	2024	2025	과목	2021	2022	2023	2024	2025
자산						부채					
I. 유동자산						I. 유동부채					
1. 당좌자산						1. 매입채무					
1) 현금 및 현금성자산						2. 단기차입금					
2) 매출채권						3. 미지급비용					
3) 단기대여금						4. 유동성장기부채					
2. 재고자산						II. 비유동부채					
1) 상품						1. 장기차입금					
2) 제품						2. 퇴직급여충당금					
3) 반제품						부채총계					
4) 원재료											
II. 비유동자산						자본					
1. 투자자산						I. 자본금					

1) 장기금융 상품					1.보통주 자본금				
2) 장기대여금					2.우선주 자본금				
2. 유형자산					Ⅱ.자본잉여금				
1) 건 물					1.주식발행 초과				
2) 기계장치					2. 감자차익				
3) 차량 운반구					Ⅲ. 자본조정				
3. 무형자산					1. 자기주식				
1) 영업권					2. 주식할인 발행차금				
2) 개발비					3. 주식매수 선택권				
					Ⅴ. 이익잉여금				
					1. 법정적립금				
					2. 임의적립금				
					3. 미처분이익 잉여금				
					자본총계				
자산총계					부채 및 자본 총계				

표51. 추정 재무상태표

추정 현금흐름표

과목	2021	2022	2023	2024	2025
Ⅰ. 영업활동으로 인한 현금흐름					
1. 당기순이익					

2. 현금의 유출이 없는 비용					
1) 감가상각비					
2) 퇴직급여					
3) 기부금					
4) 재고자산 평가 손익					
3. 현금유입이없는 수익등의차감					
1) 이자수익					
4. 영업활동으로인한자산·부채의변동					
1) 재고자산의 감소(증가)					
2) 매출채권의 감소(증가)					
Ⅱ. 투자활동으로인한 현금흐름					
1. 투자활동으로인한 현금유입액					
1) 단기금융상품 처분					
2) 장기금융상품 처분					
2. 투자활동으로인한 현금유출액					
1) 단기금융상품의 증가					
2) 유가증권의 증가					
3) 차량운반구의 취득					
4) 공기구비품의 취득					
Ⅲ. 재무활동으로인한 현금흐름					
1. 재무활동으로인한 현금유입액					

1) 국고보조금의 증가				
2) 단기차입금의 차입				
2. 재무활동으로인한 현금유출액				
1) 단기차입금의 상환				
2) 배당금의 지급				
Ⅳ. 현금증가(Ⅰ+Ⅱ+Ⅲ)				
Ⅴ. 기초의 현금				
Ⅵ 기말의 현금				

표52. 추정 현금흐름표

6. 투자 성공률 높이는 사업계획서 작성방법

1) 사업계획서 작성 의의와 목적

사업계획서는 사업을 위한 목적, 목표, 실행 방안 등을 정리한 것이며, 내부동반자 및 외부동반자에게 사업에 관한 정보를 제공하는 것이다. 내부동반자인 조직 구성원들과는 사업에 대한 명확한 내용과 방향성을 공유하는 수단으로 활용한다. 투자자로 대변할 수 있는 벤처캐피탈에는 사업의 타당성과 미래 성과를 설명하고 자신들이 원하는 자금조달을 받는데 사업계획서를 사용한다.

스타트업에 있어서 사업계획서의 의미는 투자자에게 자신들의 사업을 선보이는 자기소개서로서의 가치가 더 클 수 있다. 벤처캐피탈의 입장에서는 수많은 스타트업으로부터 쇄도하는 사업계획서를 보고 투자 대상을 선별해야 한다. 자신들이 작성한 사업계획서가 벤처캐피탈의 관심을 끌 수 있도록 작성하는 것이 외부 자금을 확보하기 위한 첫 관문이다. 그러기 위해서는 사업내용이 추구하는 목표와 목적 또는 비전이 무엇인지 명확해야 하며, 그것을 실현하기 위한 방안이 구체적이어야 한다.

아무리 좋은 사업내용이라 하더라도 사업계획서의 내용이 투자자의 마음을 끌지 못하면 투자 협상의 자리에 갈 수 없다. 투자를 받기 위해 노력하는 다양한 경쟁자들을 제치고 투자자들의 관심을 끌기 위해서는 최소한 사업계획서가 부실하다는 인상은 주지 않아야 한다. 입사지원서를 보면 부실한 이력서가 의외로 많다. 이렇게 이력서를 작성하고 어떻게 취업하려고 했는지 의문을 갖게 하는 이력서는 결국 서류 심사 단계에서 탈락의 고배를 마실 수밖에 없다.

2) 사업계획서의 다양한 활용

사업계획서는 사업 계획내용을 실행하고, 그 실행 과정과 결과를 확인하기 위한 이정표와 같은 것이다. 즉, 'plan-do-see'를 위한 사업 설계도 역할을 한다.

> ① 사업계획서는 외부에 사업을 소개하는 역할을 한다. 즉, 사업내용을 알리는 홍보 수단, 관공서의 인허가를 받기 위한 자료의 토대가 된다.
> ② 사업계획서는 벤처캐피탈의 투자자금 유치, 금융권의 자금 대출을 받을 때 필요하다. 그리고, 사업이 점차 발전하고 확대되는 과정에서 고려할 수 있는 업무 제휴 또는 M&A를 위해서도 필요하다.

즉, 사업계획서는 스타트업의 발전 단계에 따라 또는 사업계획서를 보여 주어야 하는 대상에 따라 내용이 다르게 업그레이드되어야 한다. 하나의 이력서를 가지고 여러 회사에 취업하려는 입사지원자와 같은 우를 범하지 말자. 대상이 달라지면 그 대상에 맞는 설득력이 있는 사업계획서가 필요한 것이다.

3) 사업계획서 작성을 위한 사업성 분석 방법

설득력이 있고 매력적인 사업계획서를 작성하기 위한 기본은 자신이 하려는 사업 내용, 사업 타당성, 사업 가치, 사업의 경쟁력(사업성, 기술성, 제품력 등), 사업 실현 방안(인력구성, 자금조달 등), 사업을 위한 내외부의 협력 사슬 등에 관한 분석이 되어야 한다. 이러한 사업성 분석 없이는 자가당착에 빠진, 객관성이 결여된 사업계획서가 될 수밖에 없다. 스타트업을 통해 처음으로 사업을 하는 경우는 이러한 사업성 분석에 대한 여력이 없을 수 있다. 이럴 때는 비즈니스 전문가의 협조를 받아서 자신의 사업에 대한 객관적인 분석을 하는 것이 필요하다. 회사의 상황과 사업 내용이 외부에 노출되는 것이 염려된다면 서적이나 인터넷에 소개된 사업성 분석 방법을 참조해 보는 것도 좋다.

사업 타당성 분석과 검토 과정은 다음과 같은 이유로 필요성이 더욱 강조된다.

> ① 창업자 자신의 주관적인 사업구상이 아닌, 객관적이고 체계적인 사업 타당성 분석을 통해 성공률을 높일 수 있기 때문이다.
> ② 창업 요소를 정확하게 파악함으로써 낭비적인 요소를 제거하고 창업 기간을 단축시킬 수 있기 때문이다.
> ③ 다방면으로 필요한 세부사항까지 분석함으로써 효율적인 창업 경영에 도전할 수 있기 때문이다.
> ④ 기업의 구성요소를 정확하게 파악함으로써 경영 능력 향상에 도움을 줄 뿐만 아니라, 필요한 지식 습득과 보완해야 할 사항들을 미리 확인하고 조치할 수 있기 때문이다.
>
> (출처 : 박주관, 사업 타당성 분석 및 사업계획서 작성, 21세기 북스, 1999, P.16.)

이러한 관점을 통해 사업 타당성을 검토하고 분석한다면 창업 준비 과정에 나타날 수 있는 다양한 실패 요인을 미연에 방지하고, 사업 실행의 오류도 바로잡을 수 있다.

창업자 자신이 생각하기에 좋은 비즈니스 아이템이라 하더라도 해당 아이템으로 창업을 하고 사업화하는 것이 타당한지에 대해 사업성 분석을 해야 한다. 사업성 분석을 통해 사업의 실행 방법을 수정 보완하고 그러한 내용이 구체적으로 사업계획서에 잘 녹아들어야 투자자를 설득할 수 있는 가능성이 높아진다. 사업의 내용에 따라 사업성 분석을 해야 할 항목이 달라질 수 있지만 기술력, 판매 역량, 예상 매출, 고객의 반응 및 시장 조사, 수익모델, 재무상태 및 자금 확보 역량 등은 기본적으로 분석해야 할 내용이다.

① 기술력

창업 아이템으로 구상하고 있는 아이디어를 자신의 스타트업의 기술력으로 구현할 수 있는지 파악한다. 제조를 하였다면 고객이 만족할 만한 제품인지, 경쟁사 대비 충분한 강점과 차별화 요인이 갖추어졌는지 분석한다.

② 판매역량

제조한 제품을 판매를 해야 매출과 수익을 확보할 수 있다. 시장에 어떤 형태로 판매힐 것인지를 분석한다.

③ 예상 매출

제품이 시장에 출시되었을 때의 예상 매출 분석을 통해 목표로 하는 매출과 수익을 달성하는 시점이 언제인지 분석한다.

④ 고객의 반응 및 시장 조사

자사의 제품을 본격적으로 제작 및 판매하기 전에 제품의 개요도나 샘플 제품을 활용하여 고객 반응을 조사한다. 고객 반응을 통해 시장에서 얼마나 판매가 가능할지에 대한 파악도 한다.

⑤ 수익모델

제품판매, 제품의 부속 제품 판매(예: 프린터 잉크), 제품 사용서비스(예: 정수기 자체보다는 정수기 렌탈로 수익 확보) 등과 같이 수익을 창출하는 수익모델이 명확해야 하며, 수익모델의 타당성을 분석해야 한다. 수익모델 타당성 분석 방법 중 하나는 자사와 유사한 제품 및 서비스를 제공하는 기존의 기업의 수익 모델을 분석하는 것이다.

⑥ 재무상태 및 자금 확보역량

제조 및 생산할 수 있는 기술적 역량을 바탕으로 한 창업 아이템으로 스타트업을 창업하는 경우 창업자의 재무관리에 대한 역량 부족 또는 관심 미흡으로 부실 경영에 직면하는 경우가 많다. 창업자 본인이 재무상태표(대차대조표), 손익계산서, 현금흐름표를 읽고 재무상황을 파악할 수 있어야 한다. 재무상황 파악을 통해 자금조달 계획을 수립하고 운영자금, 생산자금, 판매자금 등에 대한 소요예산과 시기에 맞춰 자금조달 방안을 예측한다.

4) 투자자가 외면하는 사업계획서 VS 관심을 얻는 사업계획서

사업계획서의 양식은 별도로 정해진 특정 양식은 없다. 단, 사업성 분석 내용이 각 목차별 내용에 녹아들게 작성하면 된다.

목차	내용
1. 사업계획서 요약	전체 사업계획서의 요점 정리
2. 회사 소개	상호, 업종, 창업자 및 경영진, 인적구조, 제품 등
3. 사업 개요	사업의 목적 및 목표, 관련 시장의 현황, 경영전략
4. 사업 모델	제품생산 및 판매 계획, 수익모델, 경쟁사현황

5. 재무 현황	재무상황, 투자자 현황(주주현황), 재무계획	
6. 자금조달 계획	투자유치 예산, 투자전략, 투자금 상환 계획	
7. 사업추진 일정	사업 실행 일정	
첨부	재무, 조직도, 시장현황, 인허가 등의 참조 서류	

표53. 사업계획서의 목차 및 주요 내용

- **사업계획서 요약**: 사업계획서의 윤곽을 알 수 있도록 핵심 정리
- **회사 소개**: 회사 및 제품에 대한 특징 및 핵심 중심으로 정리
- **사업 개요**: 사업추진 목적, 기대효과, 사회 공헌 가치 등을 정리
- **사업 모델**: 가장 중요한 부분, 수익 창출 방안이 핵심
- **재무 현황**: 대차대조표, 손익계산서, 현금흐름표 등의 자료
- **자금조달**: 향후 3~5년간의 운전자금 확보 방안, 상환 방법 및 계획
- **사업추진 일정**: 사업의 목표 및 목적 달성 시까지의 일정 수립

사업계획서의 특정한 양식은 없지만 투자자가 외면하는 사업계획서의 내용이 있고 투자자의 관심을 끄는 사업계획서가 있다.

① 투자자가 외면하는 사업계획서
- 완전히 새로운 사업 내용이라 투자의 입장에서 비교 및 검토하기 어려운 사업계획서
- 시장, 고객, 관련 법규, 경쟁사 동향에 대한 이해가 부족한 사업계획서

- 자신들의 제품에 대한 시장성 및 성장에 대한 예측이 부족한 사업계획서
- 기술력, 그동안의 개발 과정, 제품에 대한 과시 중심으로 정리되어 있고 수익모델에 대한 내용이 미흡한 사업계획서
- 제품, 재무상황, 자금조달계획, 시장 등에 대한 객관적인 내용 및 데이터가 미비하고 주관적이고 추상적으로 정리된 사업계획서

② 투자자가 관심을 가지는 사업계획서
- 투자자가 최우선적으로 보는 조직력, 팀웍, 인적자산의 현황 등이 잘 정리되어야 한다.
예) 창업자 및 창업 멤버 관련 사업에 대한 전공, 연구 및 개발에 관한 경험

- 사업과 관련된 객관적인 데이터가 축적되어 있어야 하며, 그런 내용이 사업계획서에 포함되어야 한다.
예) 사업의 매출 및 수익 동향, 고객에 대한 분석 내용

- 자사의 제품이 시장 및 고객의 어떤 문제를 해결하고 혜택을 제공할 수 있는지 명확히 기술해야 한다.
예) 제품을 구매하고 사용하는 비용과 시간을 절약

- 비즈니스 모델을 실현할 수 있는 전략 내용이 명확하게 전달되도록 정리해야 한다.
예) 시장공략, 경쟁사 대응, 고객확보, 시장 점유율 목표 및 방안 등의 내용

- 생산계획, 판매계획, 자금계획, 투자금 상환계획, 수익모델에 대한 내용이 반드시 포함되어야 한다.
예) 3~5년간의 추정 매출 및 추정 재무상황

- 정책자금을 투자 받기 위한 사업계획서는 정부 및 공공기관이 선호하는 환경, 고용 창출 등의 내용이 들어가는 것이 좋다. 민간 투자를 받기 위한 사업계획서에는 수익모델을 명확히 기술하는 것이 필요하다.

- 투자자에게 제출하는 사업설명서는 수치, 도표 등을 활용하여 가능한 자세히 정리한다.

- 제출용 사업계획서와는 별도로 발표용 사업계획서가 필요한 경우가 있다. 발표용 사업계획서는 핵심 내용 중심으로 정리한다.

- 비전문가도 이해할 수 있는 쉬운 표현, 쉬운 단어로 정리한다. 투자자들은 투자의 전문가이지 스타트업이 하려는 특정 사업에 관해서는 잘 알지 못한다는 것을 명심해야 한다.